国家级职业教育规划教材
全国中等职业学校商务文秘专业教材

会议组织与服务（第二版）

主编　韦志国　杜伟

中国劳动社会保障出版社

内容简介

本教材根据秘书国家职业资格标准和中等职业学校商务文秘专业的教学要求，遵循会议工作的基本流程和规范，简洁而清晰地说明了会议组织工作的各项操作要点，较为全面地介绍了会议服务工作的基本规范。主要内容包括：绪论、会前准备工作、会中服务工作、会后收尾工作、常见会议的组织与服务等五大部分。

本教材由韦志国、杜伟主编。

图书在版编目（CIP）数据

会议组织与服务 / 韦志国，杜伟主编. -- 2 版. -- 北京：中国劳动社会保障出版社，2020

全国中等职业学校商务文秘专业教材

ISBN 978-7-5167-4287-7

Ⅰ. ①会…　Ⅱ. ①韦…②杜…　Ⅲ. ①会议 – 组织管理 – 中等专业学校 – 教材　Ⅳ. ①C931.47

中国版本图书馆 CIP 数据核字（2020）第 096008 号

中国劳动社会保障出版社出版发行

（北京市惠新东街 1 号　邮政编码：100029）

*

北京市艺辉印刷有限公司印刷装订　新华书店经销

787 毫米 ×1092 毫米　16 开本　9.75 印张　167 千字

2020 年 7 月第 2 版　　2024 年 5 月第 2 次印刷

定价：20.00 元

营销中心电话：400-606-6496

出版社网址：http://www.class.com.cn

http://jg.class.com.cn

前言
PREFACE

全国中等职业学校商务文秘专业教材自出版以来，在学校教学中发挥了重要作用。近年来，随着秘书行业的发展变化，企业对从业人员的知识水平和职业能力提出了更高的要求。为适应这一变化，满足学校培养人才的需求，我们组织一批教学经验丰富、实践能力强的教师与行业、企业专家，在充分调研的基础上，对现有教材进行了修订。

本次教材修订工作的重点主要体现在以下几个方面：

◆更新教材内容。根据近年来秘书工作领域的变化，在相关教材中，调整、更新了关于档案管理、办公设备使用、会计统计应用等内容；补充了与时代发展紧密相关的秘书工作案例；完善了秘书应用写作、口语交际训练等工作流程，使得教材内容更加具有前瞻性，符合时代发展特点。

◆强化职业技能和职业素质培养。教材进一步加大技能训练的比重，在涉及到文书管理、档案管理、实务管理等主要秘书工作技能的教材中，更多地加入实践题例和操作指导，方便教师开展一体化教学。同时，将与秘书行业相关的职业道德、职业操守等内容融入到教学知识、课堂问答、课后训练等环节，以加强对学生职业素质的培养。

◆提升教材表现力。通过设置案例分析、知识链接、能力提示等不同栏目，增加教材的亲和力，激发学生的学习兴趣。同时，尽可能多地以图表代替冗长的文字叙述，使教材更加生动，易于学习。

◆加强立体化资源建设。习题册修订和教材修订同步进行，同时补充开发配套的电子课件。习题册答案及电子课件可登录技工教育网（jg.class.com.cn），搜索相应的书目，在相关资源中下载。

本套教材的编写得到了有关学校的大力支持，教材的编审人员做了大量的工作，在此，我们表示衷心的感谢！同时，恳切希望广大读者对教材提出宝贵的意见和建议。

人力资源社会保障部教材办公室

目 录

CONTENTS

第四章 | 常见会议的组织与服务

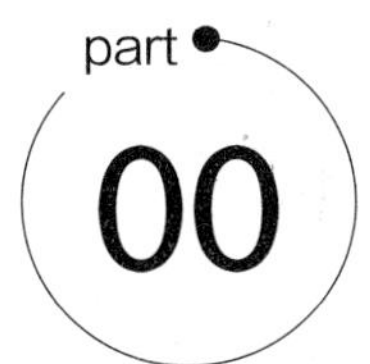

绪 论

学习目标

- 了解会议的概念
- 理解会议的功能和主要类型
- 掌握会议的构成要素
- 理解会议的一般流程
- 掌握会议组织和服务工作的主要内容

秘书工作的一项重要内容是“办会”，即组织会议并提供基本的服务。

在社会生活中，带有“会”字的活动非常多，如“洽谈会”“博览会”“交易会”“办公会”“聚会”“宴会”“例会”“晨会”等，但这些活动都属于秘书的工作范畴吗?

除了以“会”命名的各种社会活动外，还有一些组织机构的名称中也带有“会”字，如“联合会”“委员会”等，这些组织机构的日常工作是否都是由秘书来管理呢?

为了解答这些问题，就需要明确在秘书工作职能中“会议”的内涵。

会议是一个复杂的系统活动，类型比较丰富，但是其构成要素则具有较大的相似性。在明确会议内涵的基础上，进一步理解会议的类型及构成要素，对于更好地完成会议组织与服务工作具有重要的意义。

一、会议的概念

会议是参加者为了解决某一共同问题、实现同一目的而聚集在一起进行讨论、交流的一种社会活动。

这一定义揭示了会议的若干特点。首先，会议具有明确的主题和内容，参加者能够围绕这些内容进行讨论；其次，会议是一种集体活动，参加者往往为多人，只有这样才能汇集来自多方面的信息和意见；再次，会议的活动形式主要是参加者之间的讨论与交流，应具有必要的互动过程；最后，为了取得预期效果，会议应遵循一定的程序，在召开之前往往要经过必要的筹备工作，在结束后需要落实会议达成的共识。

二、会议的功能

1. 实施民主决策、行使民主权利

会议是实现民主的一种重要方式。不论是在依法召开会议的国家机关中，还是在企事业单位中，会议能够推进决策的民主化程度，能够在决策过程中集中各方面的意见和意志，极大地避免独断专行带来的消极影响。会议也是社会成员、社会群体行使民主权利的重要途径，在会议中，各方（代表）可以依据法律和程序发表各自的见解和看法，从而对整体决策实施影响，尤其是在选举会议上，民主权利能够得到集中体现。

2. 领导和指导下级工作

会议是实施领导和管理的重要手段。通过召开会议，上级领导可以将部署传达到下级部门和个人，从而对工作提出明确要求；下级部门或个人通过参加会议，可以进一步把握上级领导的意图和要求，进而在工作中贯彻执行。

3. 交流信息、沟通情况

会议是信息交流的一种平台，在会议召开过程中伴随着密集的信息流动。会议的主办方、参加者能够在会议进行过程中开展充分的信息交换、收集等工作，因此会议也是一种信息共享的途径。

4. 宣传教育、统一认识

会议是进行思想教育的一种措施。为了统一各部门、人员的思想认识，会议主办方在会议中进行宣传、教育、讨论、辩论等各种活动，树立榜样、表彰先进、批

评错误、倡导正气。这些宣传教育活动能够通过会议扩大效果和影响力，从而帮助人们消除头脑中的错误观念，克服实践中的错误行为，有利于弘扬正气、促进工作。

5. 研讨和咨询

会议是就某一课题进行研讨和咨询的一种渠道。在研讨会和咨询会上，参加者可以就共同的课题畅所欲言、各抒己见，充分发表各自的研究心得和观点立场，从而为课题研究提供比较专业的意见和建议。

三、会议的主要类型

会议的类型非常丰富，根据不同标准可以划分多种类型。

1. 会议常规类型

根据参加人数、信息传播方式等常见标准，可以将会议分为以下类型，见表 1。

表 1　会议常规类型

分类标准	具体种类	说　明
参加人员数量	特大型会议	参加人员在万人以上
	大型会议	参加人员数千人
	中型会议	参加人员数百人
	小型会议	参加人员数十人或数人
信息传播方式与手段	现场会议	所有（或绝大多数）参会者处于同一会议现场，能够开展面对面的交流
	电话（电视）会议	参会者分布在不同的会场，信息通过电话（电视）网络传输，不便开展面对面的交流
	网络会议	参会者分布在不同场所，甚至每个人都在各自的办公场所内，信息通过互联网传输，借助于网络技术可以开展一对一、一对多等方式的交流
主题与内容	工作会	主要围绕业务工作展开
	展销会	主要内容是各类商品的展示、推销与采购，期间会举行一系列分项活动，如签字仪式、发布会等
	培训会	主要内容是针对某项课题对参会者进行培训和教育，使其提高相应的素质或技能
	学术会	参会者围绕某项共同课题进行研讨和交流
功能与目的	决策会	为进行某项决策而召开，会议成果为决议或决定
	执行会	对某项工作进行部署，明确分工和要求，如动员会、协调会、现场办公会等

续表

分类标准	具体种类	说　明
功能与目的	讨论会	围绕某项课题进行研讨，一般要有明确的成果
	告知会	主要目的是发布相关信息、说明有关情况
	纪念会	为了表达对某项重大事件或某个重要人物的纪念而召开
召开周期	定期会议	按照确定的周期召开，如年会、例会等
	临时性会议	根据工作需要而召开，没有固定周期
阶段特征	预备会议	为了使会议取得更好的效果，在正式会议开始之前召开的会议，主要目的是统一思想并对会议的筹备、安排、议程、文件等各方面情况进行审查
	正式会议	全体参会者按照确定议程参加的会议
保密要求	秘密会议	会场不允许正式参会者之外的其他人员在场，会议内容和召开情况不对外公开
	公开会议	会议内容和召开情况可以完全公开，会场可以进行公开采访

2. 企业会议类型

在企业中，由于生产与经营的需要，也有不同类型的会议，主要包括：

（1）股东大会

股东大会一般有两种含义，一是指定期或临时举行的由全体股东出席的会议，二是指非常设的由全体股东所组成的公司制企业的最高权力机关。这里指第一种含义，即股份制企业定期或临时召开的会议，由全体股东参加，主要内容是对公司的重大经营事务进行决策与审议。

（2）董事会议

董事会是由董事组成的、对内掌管公司事务、对外代表公司的经营决策机构。董事会议是全体董事召开的会议，主要内容是对公司业务经营工作进行部署。

（3）经理会议

由本企业的总经理以及部门经理参加的会议，主要内容是研究经营与管理中的重要事项，一般为定期会议，参加人员和地点相对固定。

（4）部门例会

企业各个构成部门定期召开的工作会议，由本部门全体员工参加，主要内容是传达上级管理部门指令、通报情况、解决问题等。

（5）公司年会

公司年会是由公司主办、全体员工参加的庆祝性或总结性会议，时间一般安排在年底。会议主要内容包括各部门报告全年工作情况、部署下一年度工作计划、表彰先进集体或个人等。

（6）客户咨询会

客户咨询会由企业主办，邀请客户代表、合作伙伴代表参加，主要内容是了解客户对经营管理以及产品等方面的意见与建议，并集中答复客户的问题。

（7）新产品发布会

新产品发布会是为了向外界推广宣传新产品而举行的会议，参加人员主要是媒体记者、合作伙伴、渠道商等，一般以新闻发布会的方式举行。

（8）产品展销会

产品展销会是为了向市场销售产品而进行的展览推销活动，是营销的一种重要方式。展销会的主办者往往是企业销售部门，参加人员主要是销售渠道合作伙伴或终端用户。企业的展销会往往在某一行业大型展销会期间举行，也有单独举行的。

（9）业务洽谈会

业务洽谈会是企业为了生产经营的需要而召开的合作谈判会议，内容涉及经营的各个方面，一般是专题性会议，往往由企业负责人或部门负责人参加。

四、会议的构成要素

1. 人员与机构要素

任何会议都是由人来参加的，根据在会议活动中所承担职能的不同，可以将人员分为两大类，即会议参加者和会议组织者。会议参加者按照会议的要求和既定议程，按时完成参会准备、报到、出席、讨论、发言、聆听、投票等各项活动，会议结束后离会。会议组织者是为了保证会议顺利召开并取得预期效果而进行筹备、召集、服务等各项工作的人员，会议结束后还要继续进行各项善后工作。

在大中型会议中，参加者和组织者数量比较多，为了便于开展工作，会形成各种会议机构。参加者形成的会议机构有代表团等，组织者形成的会议机构有主办单位、承办单位、主席团、秘书处、会务组等。

2. 物质条件要素

物质条件是保障会议顺利召开必不可少的基础要素。会议所需要的物质条件主要包括场地、设备、文件、装饰品、车辆等。另外，经费也是不可或缺的物质保障条件。

3. 抽象要素

会议的抽象要素是指与会议议题有关的要素，主要包括会议名称、会议主题、会议内容与议程、会议方式、会议结果与决议等。会议的抽象要素是会议的灵魂，也是会议召开目的的体现，会议的人员、机构和物质要素都应围绕抽象要素的需求来进行安排。

五、会议组织工作

会议组织工作是指为了保障会议顺利开展而进行的各种统筹、协调、策划、安排等工作，主要任务是合理安排会议的各种要素，使之能够围绕会议主题有序地运转。会议组织工作贯穿于会议召开之前、会议召开过程中、会议结束后的各个环节，主要由会议组织机构或承办机构完成。

会议是涉及众多要素的复杂活动，会议的组织工作同样也是一项系统工程。因此，为了使会议取得预期效果，组织工作就必须按照一定的流程来实施。由于会议的类型极为丰富，不同会议的具体情况也千差万别，所以会议组织工作也不尽相同，但是其基本流程是相对固定的。

从宏观上看，会议组织工作流程一般分为三个阶段：会议召开之前的筹备阶段、会议召开过程中的组织管理与服务阶段、会议结束后的收尾与总结阶段。这三个阶段也被简称为“会前”“会中”和“会后”，是各种类型会议都适用的流程划分方式。在每一个阶段中，还可以进一步细分为若干工作环节，这些具体的工作环节往往取决于会议的类型、规模和性质。

会议组织工作的三个阶段及其内部主要环节流程如图 1 所示。

六、会议服务工作

一般而言，所有的会议会务工作都具有服务的性质，都是围绕会议进行的。为了与具有管理协调功能的会议组织工作相区别，可将会议服务界定为：为了保障会议顺利召开并取得良好成效而进行的一系列保障性具体事务工作的统称，会议服务的主要对象是各类参会人员，服务的主要内容是接待服务、礼仪服务、生活服务、安保服务等。

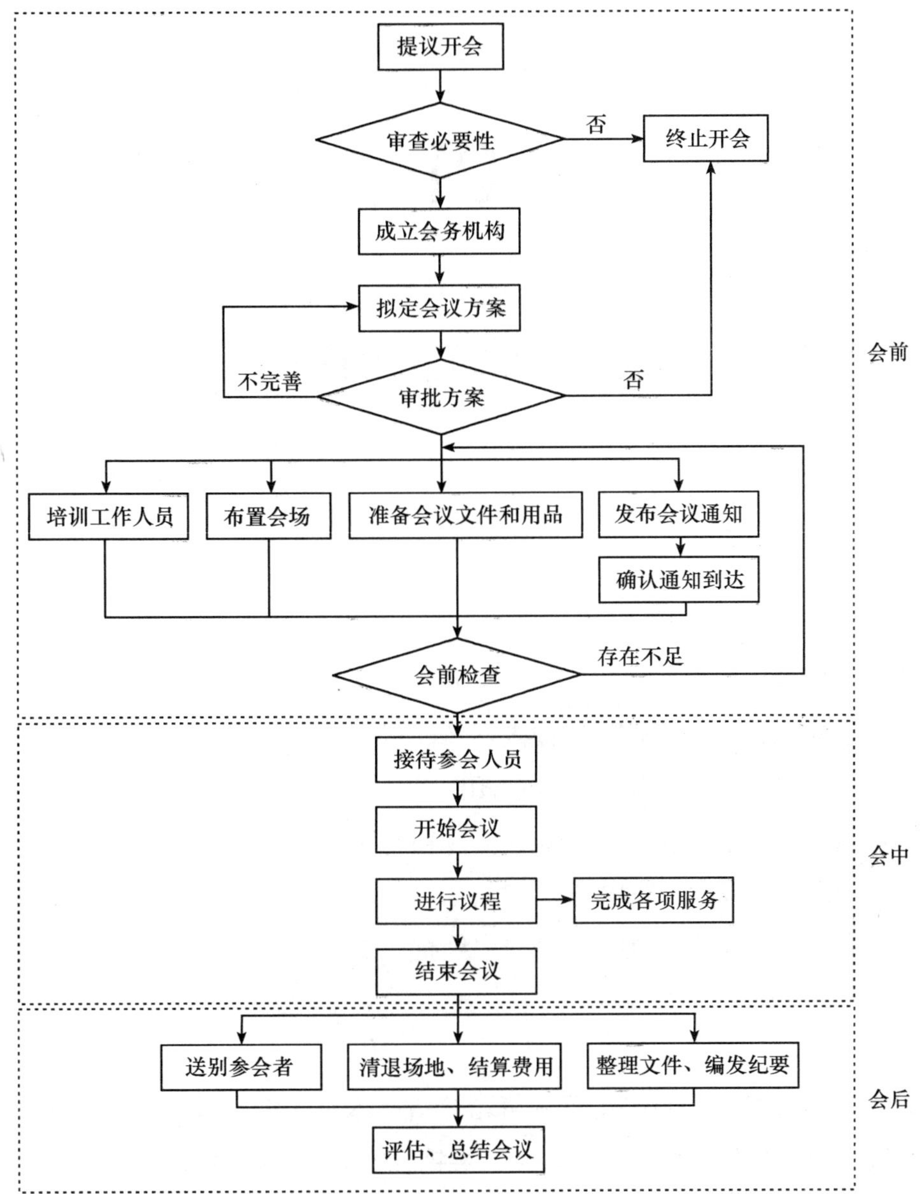

图 1　会议组织工作的基本流程

part

01

第一章 会前准备工作

学习目标

- 了解会前准备工作的主要内容
- 能够拟定会议方案和会议通知
- 能够根据会议需求准备会议文件和物品
- 能够布置会场、安排会场座次
- 能够拟定会议费用预算并筹措经费

会议类型多种多样，为了便于理解与分析，本书后续所涉及的会议组织与服务工作，将以企业常见的洽谈会、咨询会、展销会等为例进行讲解。

会前准备是会议顺利召开的重要保障。在会前准备阶段，需要对会议所涉及的方方面面进行充分的考虑，做到严密和周全。一般而言，会前准备主要包括会议组织准备、文件与物品准备、会场准备、财务准备、票证餐饮准备等几项工作。

第一节　会议方案的制定

林爽大学毕业后到了一家物业公司从事秘书工作。临近年底时，经理打算和小区的业主代表、各楼的楼长们召开一次座谈会，目的是了解业主对物业服务的意见和建议。经理将牵头组织这次座谈会的任务交给了林爽，要求他先提出初步的设想。一天后，林爽把自己撰写的会议方案交给了经理。

关于召开业主座谈会的方案

尊敬的各位业主代表、楼长们：

为了了解广大业主对物业服务的意见和建议，进一步提升物业服务质量，××物业公司准备召开业主座谈会，现将本次会议有关情况告知如下：

一、会议时间：20××年12月16日上午9时至11时。

二、会议地点：物业服务中心会议室（3号楼东配楼2楼）。

三、参会人员：业主代表、各楼楼长、物业公司经理与副经理、各业务组组长。

四、会前准备：请各位业主代表和各楼楼长深入广大业主之中，充分收集大家的意见和建议，并形成书面文稿以备会上发言。

五、会上议程：首先由主持人（副经理）讲话，然后业主代表和楼长们发言，最后由经理总结发言。

六、会后整改：将会上提出的意见和建议进行整理和汇总，并交给各业务组组长进行整改。整改的结果及时告知业主代表和楼长。

××物业公司

20××年12月12日

经理看了这份方案后对林爽说："你提的这些设想有不少问题，我先问你一个：为什么选择12月16日这一天开会？"林爽说："这天是星期一，我们公司的员工都正常上班，正好可以开会。如果选择休息日的话，那么公司还要给他们加班费，就会增加公司的经费支出。"经理看林爽说得理直气壮，就问："那你想过没有，业主们在这一天也是要上班的呀，他们会请假来参加座谈会吗？"林爽一下子哑口无言了。

思考：

除了经理提出的问题之外，你认为这份会议方案还存在哪些问题？

会议方案是指在会议召开之前的筹备阶段对会议的整体策划与统筹安排，是对会议主题与内容、人员分工等工作的预先设计，并以文字的形式记载下来，作为开展其他相关工作的依据。制定会议方案要明确以下几个方面的内容。

一、会议名称、主题、议题和议程

会议的名称、主题、议题和议程是会议必备的要素，所揭示的是会议的主要内容和目的，直接决定着会议的质量和效果。会前准备工作的首要任务就是明确这些要素的具体内涵。

1. 会议名称和主题

正规的会议必须有准确、恰当的名称。一般而言，会议名称要根据会议主题来确定，并能准确地反映会议的主题、性质、参会人员、主办方、时间、届次、开会地点等信息要素。会议名称要拟写妥当，名实相符，不宜太长，但也不能随意简化。常用的会议名称命名方式见表 1–1。

表 1–1　　常用会议名称命名方式

命名方式	示例
单位名称 + 会议内容	×× 省 ×× 股份有限公司第十次股东代表大会
单位名称 + 年度 + 会议内容	×× 科技公司 20×× 年总结表彰大会
时间 + 内容 + 类型	20×× 年 ×× 省公路春运票价听证会

大中型会议的名称一般可以制作成横幅悬挂在会议主席台的上方或后方，作为会议的标志，常被称做会标。

会议主题是会议的基调，是对会议主要内容和目的的表达。一般情况下，会议名称即体现出会议主题。如有必要，也可以将会议主题单独提炼出来进行表述，以便参会人员和筹备人员进一步明确和把握会议主题。

2. 会议议题和议程

（1）会议议题

会议议题是围绕会议主题进行具体细分而形成的一个或多个讨论话题，体现了会议的目标和任务。会前确定会议议题时应遵循高效、准确、适量、主次分明的原则，应先讨论会议的中心议题和主要议题，其他相关的议题可合并或集中讨论，从而做到重点突出、详略分明。

会议议题的形式一般有书面和口头两种，书面的会议议题包括议案、最后文件草案或讨论稿，口头的会议议题常用于单位内部的小型事务性会议。

（2）会议议程

将会议议题按照特定的顺序进行排列，以便在会上按照先后顺序进行讨论，就形成了议程。会议议程是对会议所要讨论的问题、所要通过的文件进行的大致安排，并按顺序将其清楚地表达出来。它是为达到会议目的而做出的顺序计划，即会议所要讨论、解决问题的大致安排，会议主持人要根据会议议程主持会议。一般来说，拟定会议议程是秘书的任务，秘书拟写议程草稿，交上级批准后，在会前打印分发给所有参会者。

会议的持续时间如果达到两天或以上的天数，应编制日程表。会议日程是会议议程的一种特殊表现形式，是根据会议议程逐日做出的具体安排，以天为单位，包括会议全程的各项活动。会议日程一般采用简短文字或表格形式，将会议时间分别固定在每天上午、下午、晚上，使人一目了然，如有说明可附于表后。

二、会议时间和地点

任何会议都是在特定的时间与空间中开展的。选择适当的时间与合适的地点是会议筹备阶段一项重要工作。

1. 会议时间

会议时间通常情况下具有三种含义：一是指召开会议的特定日期与具体时刻，二是指会议全程所需要的具体天数之和，三是指每次会议所需要的时间长短。

确定会议时间应考虑以下因素：一是工作需要，如每周一次的工作例会，通常放在周五的下午或周一上午。二是参会人员情况，即每位参会人员都有参加的时间。三是会议所需时间的长短应在合理区间。据心理学家测定，成年人能集中精力的平均时间为 45～60 分钟，超过 45 分钟，人就容易注意力分散，超过 90 分钟，普遍会感到疲倦。因此，每次会议时间最好不要超过 1 小时。如果需要更长时间，应安排中间休息。

此外，安排会议时间还要考虑人们的生理规律。一般上午 9：00—11：00 和下午 2：30—4：30，这两个时间段人们的精力较旺盛，会议的效率也较高。

2. 会议地点

会议地点又称会址、会场，既是指会议召开的所在地，又是指会议召开的具体会场。为了使会议取得预期效果，选择会场应考虑多种因素，如场地大小、租赁费、设备配备、停车场、交通状况等。详细内容可参见本章第四节的相关介绍。

三、参会人员与会务机构

会前准备工作的一项重要内容是确定参会人员并成立会务机构。

1. 参会人员

参会人员一般由会议主办方根据会议的内容、主题和所要达到的目的来确定，并在会前向其发出会议通知。会议由哪些人员参加，由哪些单位派人出席，哪些单位派人列席，这些人选应在会议召开之前的筹备期间给予认真考虑并具体确定。参会人员数量的多少直接决定着会议的规模。大型会议参会人员可达到千人以上，中型会议一般在百人以上、千人以下，小型会议不足百人。

会议主持人负责使会议按照法定程序或原定的会议程序顺利召开，包括宣布开会、掌握会议进程和时间、安排发言顺序、主持会议选举和表决、宣布表决结果、宣布散会等。

会议嘉宾是和会议或会议主办方有密切关系的人士，一般分为以下几种类型：组办方的上级领导、企业的重要客户和各种利益相关方、对实现会议目标有潜在贡献的人士、社会名流等。他们的到场有助于企业制造新闻事件，吸引公众和媒体的关注，对于提升会议的规格、质量、影响力都发挥着重要的作用。

2. 会务机构

会务机构是由会议辅助人员组成的专门机构。会议辅助人员指为了保障会议顺利召开而设置的工作人员，包括秘书和其他服务人员，其主要职责是负责会议的文字工作和其他事务性工作。一般性的会议，根据会议分工的不同，主要设有秘书组、宣传组、文件组、接待组、后勤组、安全保卫组、联络组等。

（1）秘书组主要负责会场各种突发事件的应急处理、会议记录以及各部门的沟通协调工作。

（2）宣传组主要负责会议的内外宣传工作。对内宣传工作主要包括拍照、摄像、编写分发会议简报等，对外宣传工作主要有安排记者采访、向媒体提供会议的有关新闻报道、召开新闻发布会、记者招待会等。

（3）文件组主要负责各种会议文件的准备、起草、印发、清退、立卷归档等工作。

（4）接待组主要负责会议的接站、报到、签到、票务等工作。

（5）后勤组主要负责食宿、参观、文体娱乐活动、车辆调度、会场安排、设备保障、会议用品的发放和管理等工作。

（6）安全保卫组主要负责会议期间的安全保卫工作。

（7）联络组主要负责会议主办方和参会人员之间信息的上传下达、沟通反馈等联络工作。

除了以上这些小组之外，会务机构还应设有专门领导一人或多人，负责对会务工作进行全面管理、协调与监督。

四、会议的其他活动

会前准备工作的另一个重要内容是确定会议主要议程之外的其他活动。会议的组织形式有多种类型，最常见的是参会人员在固定会场内进行讨论与发言。除了这种形式之外，还有文体活动、参观访问、座谈、展览展示等。这些活动能够进一步丰富会议形式，加深与会者之间的了解。会议是否安排这些活动，需要综合考虑多种因素来确定，如会议主题、参会人员、会议时间与地点以及会议经费等。

五、会议方案的基本结构与主要内容

会议方案一般由标题、正文和落款三部分构成。

1. 标题

标题一般由会议名称和文种构成，会议名称根据实际情况可以体现或省略召开单位的名称，文种可以写作“方案”“筹备方案”“预案”等，如“××公司2019年度先进工作者表彰大会方案”。

2. 正文

正文应逐项写明总体方案的具体内容，结构安排上一般采用分条列项的体例。开头部分可用一段文字写明制定方案的目的和依据，也可省略这部分，直接用序号编排各项内容。会议方案正文主要包括以下内容：

（1）会议名称

应准确写明会议的正式名称。根据会议的主题或议题来确定会议的名称，以便用于会议通知、会议宣传、会议布置等。

（2）会议目标和指导思想

大型会议方案中应写明会议目标和指导思想，中小型会议可以省略。

（3）会议主题、议题和议程

这是会议方案的重点内容，揭示了会议要研究的问题和要达到的目的，应准确、简要写明，以便参会人员和筹备人员准确理解会议目的。在确定会议主题的基础上，进一步细化确定付诸会议讨论或解决的具体问题，即会议的具体议题。每一次会议的议题不宜过多或过于分散。

（4）会议人员、规格和规模

这也是会议方案重点内容之一，根据会议的性质和需要明确会议出席人员的范围，并对人员进行必要的分类，如分为正式成员、列席成员、特邀成员和旁听成员等。

（5）会议时间

包括总体时间、分阶段时间以及具体时刻三个层次，也就是实际召开的起止时间及天数，还包括会议过程中的分阶段时间和具体时刻。

（6）会议地点

包括会议的举办城市、具体场所等相关信息。

（7）主办、协办单位以及拟设立的会议组织机构

应说明会议或活动的组织与实施单位名称。大型会议如有必要还应说明会议所设置的机构，如主席团、组织委员会、指导委员会、执行委员会、学术委员会、秘书处和筹备组等。其中筹备机构根据需要可以分设会务组、宣传组、财务组、保卫组等。一般的小型会议，只设立会务组负责全部事项。

（8）会议举行方式、配套活动以及辅助活动的日程安排

对会议内容按照时间进行细分，并说明各个时间段所进行的主要内容，如讨论、演讲、参观、娱乐、聚餐等。

（9）会议文件及用品

会议文件主要包括报告、讲话稿、议程、日程、参会人员名单、住宿安排、主席台座次、分组名单、讨论题目和分组讨论地点、作息时间表、会议参阅文件和相关资料。会议用品包括一般会议用品和特殊会议用品，特殊会议用品根据会议的不同类型和内容需要进行安排。

（10）会议接待、后勤保障措施和技术手段

要明确会议餐饮和住宿的标准及相关事宜，主要包括生活服务、安全保卫、交通疏导、医疗救护等方面的内容。

（11）会议宣传方式

大中型会议应进行对外宣传，以扩大影响，主要方式有召开新闻发布会、编写会议简报、邀请记者采访、发送新闻稿件等。

（12）会议经费预算及筹备经费的渠道和方式

对会议或活动的各方面支出进行测算，得出大致的费用总和，并说明会议经费的来源方式。一般包括：场地费用，如会议场地租金、场地特殊设施租赁费用、场地装饰费用等；交通费用，如接送站的费用、会议期间可能使用的交通费用等；食宿费用，如早餐、午餐、晚餐及特别宴请等所需费用；资料费用，如筹备、宣传会议及完成会议议程所需的各类资料的费用；人工费用，如专家报告费用、临时借用人员报酬等；其他费用，如会议进行过程中可能产生的一些临时费用。

（13）筹备人员工作分工

为会议或工作的开展进行筹备和服务的人员应有详细的职责划分，明确其工作内容和完成时间。

（14）其他需要说明的事项

如会议筹备处的联系方式等。会议如有其他需要说明的事项也应列出。

以上内容比较繁杂，会议方案未必需要全部详尽列出，可以根据会议或活动的实际需要选择其中的内容在方案中说明。

3. 落款

写明会议方案的制定者和成文日期。

下面的例子是某公司表彰庆典大会的会议方案。该会议为中型会议，参加人数为 200 人，会期 2 天，会议期间还举行了其他活动。该会议方案采用了比较简略的表述方式，将会议筹备与召开的主要安排进行了说明。为了保障会议以及各项活动的顺利进行，还需要编制一些与之配套的针对具体工作的文件。

[例] ×× 商贸有限公司成立十周年表彰庆典大会方案

一、会议名称

×× 商贸有限公司成立十周年表彰庆典大会。

二、会议主题

热烈庆祝 ×× 商贸有限公司成立十周年，表彰先进集体和先进个人，提出下一阶段发展目标与规划。

三、会议时间和地点

会议时间：20×× 年 10 月 27—29 日。

会议地点：×× 市世纪大厦礼堂、第一会议室、第二会议室。

四、筹备机构和参会人员

1. 筹备机构

领导小组组长：李 ××（手机：×××××××××××）。

领导小组副组长：宋 ××（手机：×××××××××××）。

会务组：李 ××、刘 ××、万 ××、薄 ××、苏 ××、马 ××。

接待组：吴 ××、郭 ××、冯 ××。

宣传组：李 ××、贺 ××。

文件组：赵 ××、方 ××。

后勤组：钱 ××、岳 ××、刘 ××、林 ××。

安全保卫组：孙 ××、谭 ××、方 ××。

2. 参会人员

（1）省市有关领导，工商局、税务局领导，兄弟单位相关领导，共约 20 人（名单附后）。

（2）×× 商贸有限公司总经理、副总经理，全国各分公司经理、副经理，共约 30 人（名单附后）。

（3）×× 商贸有限公司各部门经理、主任、副主任、员工代表，共约 100 人（名单附后）。

（4）全国供货商、销售商和客户代表，共约 30 人（名单附后）。

（5）受表彰人员，30 人（名单附后）。

（6）×× 日报、×× 青年报、×× 都市报、×× 市电视台记者，共 5 名。

共计约 215 人。

五、会议日程表

<table>
<tr><th>日期</th><th>时间</th><th>地点</th><th>内容</th><th>负责人</th></tr>
<tr><td>10 月 27 日</td><td>全天</td><td>×× 商贸有限公司
招待所 304 室</td><td>签到并分发会议材料</td><td>吴 ××、
郭 ××</td></tr>
<tr><td rowspan="5">10 月 28 日</td><td>8：30—8：50</td><td rowspan="4">礼堂</td><td>开幕式
公司总经理讲话，致大会开幕词</td><td rowspan="3">李 ××</td></tr>
<tr><td>8：50—9：10</td><td>省市领导和销售商代表讲话</td></tr>
<tr><td>9：10—10：00</td><td>表彰先进个人和先进集体</td></tr>
<tr><td>10：10—11：30</td><td>参观展厅</td><td>苏 ××</td></tr>
<tr><td>12：00</td><td>招待所</td><td>就餐</td><td>钱 ××</td></tr>
</table>

续表

日期	时间	地点	内容	负责人
10月28日	14：00—15：30	第一、第二会议室	各分公司经理经验交流座谈会	刘××
	15：50—17：00		会议分组讨论	薄××
	18：00	招待所	就餐	钱××
	19：30—21：30	招待所	联谊舞会	
10月29日	9：00—11：30	礼堂	2020年上半年工作部署	李××
	12：00	招待所	就餐	钱××
	14：00—15：00	第一分厂	参观服装生产线	宋××
	15：10—15：40	礼堂	大会闭幕式	李××
	15：40—16：10	第一会议室	媒体见面会	贺××
	17：00		散会	

六、会议所需用品和设备

1. 会议必备用品和设备：文具、桌椅、茶具、扩音设备、照明设备、空调设备、投影仪和音响设备等。

2. 会议特殊用品和设备：代表证、座位名签、奖状、荣誉证书、茶水、饮料。

以上各种用品由负责人根据人员以及会场情况确定具体数量。

七、会议经费预算表

序号	项目	预算金额（元）
1	文件资料费	500
2	邮电通信费	500
3	会议设备和用品费	1 000
4	会议场地租用费	4 500
5	会议办公费	2 000
6	会议宣传公关费	3 000
7	会议住宿补贴	20 000
8	会议伙食补贴	10 000
9	会议交通费	5 000
10	其他	5 000
合计		51 500

八、住宿和餐饮安排

1. 世纪大厦贵宾间 20 间，安排公司总经理和全国各分公司经理入住。

2. 世纪大厦标准间 40 间，安排全国供货商、销售商和客户代表入住。

3. 优先将领导、年老体弱者和女士安排在通风、向阳的房间。会议期间的伙食和医疗要有专人负责，并事先做好安排。

4. 考虑民族宗教习惯，提前了解参会人员的民族、宗教信仰以及饮食禁忌等信息。

5. 参会人员须持公司所发的餐票用餐。

九、筹备工作安排

序号	工作内容	时间	负责人	备注
1	制定会议方案	9 月 25 日	李 ××	
2	确定参会人员名单	9 月 25 日	李 ××	
3	通知参会人员	10 月 15 日	吴 ××	
4	预定、安排住宿宾馆	10 月 15 日	宋 ××	
5	预定会议场地	10 月 15 日	刘 ××	
6	采购会议用品	10 月 20—22 日	万 ××	根据主体活动和各个分项活动需要，确定具体物品和文件及其数量
7	准备会议文件资料	10 月 20—22 日	赵 ××	
8	培训服务人员	10 月 22 日	郭 ××	
9	检查会议筹备情况	10 月 23 日	李 ××	
10	针对筹备中的不足进行整改	10 月 24—26 日	李 ××	
11	报到、接待、开会	10 月 27—29 日	吴 ××	
12	清退文件、整理物品、清退场地、结算费用	10 月 29 日	赵 ××	
13	会议总结与评估	10 月 30 日	赵 ××	

表彰庆典大会筹备组

20×× 年 9 月 25 日

附表：

1. 政府部门与业务单位领导名单（略）

2. 本公司参会领导名单（略）

3. 本公司参会部门领导与员工代表名单（略）

4. 供货商、销售商和客户代表名单（略）

5. 受表彰人员名单（略）

6. 主会场布置示意图（略）

7. 分会场位置指示图（略）

8. 会议文件、资料清单（略）

实训·练习

一、请修改本节“案例导入”中林爽的会议方案。

二、天地公司即将召开公司新产品发布会，参会人员200人，会议时间为20××年11月2日至4日。请完成以下练习：

1. 根据这一介绍撰写会议方案，可自行补充相关的必要信息。

2. 分组讨论，分析每个人制定的方案的优点和不足。

第二节　会议通知的制发

案例导入

阳光公司准备召开客户联谊会，特让秘书李明制作并发送了会议通知。通知内容如下：

会议通知

尊敬的客户/×× 单位：

为了进一步加强与贵公司的合作，听取客户对我公司产品和售后服务的意见和建议，以及做好2020年产品的订货工作，我公司定于20××年12月13日至15日，在 ×× 市和家宾馆召开客户联谊会，请您/贵单位派员参加。

会议联系人李明，电话 ×××××××××。

附件：

1. 会议日程

2. 和家宾馆路线图及乘车指南

×× 公司
20××年10月19日

会议通知发出后，在会议报到时，出现了一些问题。有些客户误以为12月13

日报到，13 日晚甚至 14 日早上才来报到。到会人数超过了预计，结果这家宾馆无法提供更多的房间，只好临时将一些参会者安排到其他宾馆，引起了他们的不满。

思考：

1. 这个会议通知存在哪些不足之处，导致会议报到时出现了问题？

2. 制作和发送会议通知时要注意哪些问题？

会议通知是指将会议召开的信息、要求传达给参会者的书面文件。

会议通知是参会者参加会议的重要凭据，也是会议组织者同参会者沟通的重要渠道，参会者可以通过会议通知了解会议召开的具体情况。

一、会议通知的类型

会议通知的主要类型有口头通知、电话（传真）通知、书面通知、网络通知（电子邮件）和墙报通知等。

1. 口头通知

口头通知适用于参加人数少的小型例会和几个人的碰头会，这种方式最突出的优点是快捷、方便。

2. 电话通知

参会者比较分散，且与参会单位较熟悉或是单位内部人员时可以采用电话通知，单位部门的不定期会议也可采用电话通知的方式。以电话为媒介传递信息，快捷、准确，且成本低。当然，以这种方式传达通知时，会务人员必须做通知情况书面记载。

3. 书面通知

书面通知是一种传统的方式。由于书面通知在传递过程中需要一定的时间，所以要提前准备，如果在预定的时间里对方没有收到，还需要及时采取补救措施。书面通知比口头通知和电话通知更加正式、严肃，显示出对被通知者的尊重和重视。

常见的书面通知有卡片式和公文式两种。如果参会人员的身份特殊或级别较高，一般应向其发放书面的邀请函或请柬以示特别尊重之意。

（1）卡片式会议通知

这种会议通知的载体为一张特制的卡片，适用于向内部人员传递会议信息，如图 1–1 所示。

各部门科长会议通知

事由：为讨论本季度生产计划完成情况及主要问题，特召开会议，请准时出席。

参会者：各部门科长。

时间：10 月 22 日下午 2：00—3：30。

地点：第一会议室。

如无法出席，请于 10 月 21 日前电话告知 ×××，电话 ×××××××。

总经理办公室

20×× 年 10 月 18 日

图 1–1　卡片式会议通知

（2）公文式会议通知

这种会议通知采用公文的形式，写明主送机关（普发性的也可以省略），具有明确的开头、主体和结尾。下面是一个公文式会议通知的范例。

×× 港务分公司关于召开班组建设工作座谈会的通知

各队部、班组：

为进一步推动班组建设工作，总结经验，相互学习，更好地促进公司的发展，现决定召开班组建设工作座谈会，具体事项通知如下：

一、会议时间、地点：9 月 10 日下午 2：00，在分公司二楼会议室召开会议。

二、参加会议人员：各队部负责人、班组长。

三、会议内容：各班组介绍工作情况，交流经验，提出意见和建议。

四、联系人：吴 ××　电话：××××××××

特此通知。

×× 港务分公司办公室（公章）

20×× 年 9 月 2 日

4. 网络通知

网络通知是利用电子邮件系统或即时通信软件告知参会人员会议信息的方式，具有成本低廉、方便快捷的优点。

随着移动互联网的兴起，出现了一种在手机上传播和阅读的新型通知方式，即使用 H5（超文本标记语言第 5 版）技术制作展示页面，该页面包括文字、图片、音乐、动画、交互图表等多种媒体，设计精美，适于手机阅读。利用 H5 制作的会议通知，不仅能够传播会议相关信息，而且还可以在其中插入报名表、问卷等工具，方便参会人员填写，组织方收集反馈信息后进行统计汇总也非常便捷。

5. 墙报通知

墙报通知是将会议信息公示在黑板、信息牌等墙体上，适用于内部会议。

二、会议通知的格式

正式的会议通知一般是公文式的，主要由标题、正文、落款、回执和附件等部分构成。

1. 标题

标题是会议通知不可省略的组成部分，有完全式和省略式两种基本形式。

（1）完全式标题

完全式标题包括发文机关、事由和文种三项要素，如《××公司关于召开年终总结表彰大会的通知》。

（2）省略式标题

省略式标题是将发文机关或事由省略，例如《关于举行节能减排工作会议的通知》。如果为小型会议或日常例会，标题可简化为《会议通知》。

标题下方左起顶格书写主送机关，可用统称或规范化简称，后加冒号，如“公司各部门：”。如果是内部会议或常规例会，受文对象也可省略。

2. 正文

会议通知正文在受文对象下方左起空两格开始书写，主要包括前言、主体和结尾三部分。

（1）前言

前言即制发会议通知的理由、目的、依据。例如“为全面了解上半年产品销售情况，准确把握客户反馈信息，总公司决定于7月6日（星期三）召开销售工作会议，现将有关事宜通知如下”。

（2）主体

主体写明会议的主要事项，应做到条理清晰、表述准确，主要包括以下信息：会议主题与内容、召开（报到）时间与地点、参会人员、参会要求、会议组织方联系方法等。

（3）结尾

会议通知的结尾有两种写法：一是自然结尾，不专门写结束语；二是用“特此通知”结尾。

3. 落款

会议通知的落款在正文结束后下方居右侧书写，包括发文单位名称和发文日期两部分。发文单位名称应使用全称或规范化简称，如果是正式会议还应在名称上加盖单位印章。发文日期在发文单位名称下方，采用阿拉伯数字书写，要求年月日齐全。

4. 回执和附件

如果会议参加人员较多或参会人员是从外地赴会，组织方为了准确掌握参会人员数量从而做好相应的会前准备工作，可以在会议通知正文后附上回执，由参会人员填写完成后反馈给组织方。回执一般采用表格的形式，主要包括参会人员姓名、性别、抵达时间、联系方式等内容。回执可以帮助组织者准确统计参会人数以便安排食宿。回执样式参见表 1–2。

表 1–2　　会议回执

单位			人数共计：　　人
姓名	性别	职务	联系电话
到达信息	到达车次：	到达时间：　月　日　时　分	

请于 × 月 × 日前将回执通过传真或电子邮件发送给会议联系人。

附件是在会议通知正文后附带的相关文件资料，一般是乘车提示、交通指南或报名表之类的文件，有助于收到通知的单位或个人顺利出行报到。

下文是一篇比较完整的中型会议的会议通知。

×× 电子有限公司关于召开代理商工作会议的通知

各地区代理商、本公司各部门：

为了保证 ×× 显示器在市场中的领先地位，建立一个和谐顺畅且稳定坚固的销售渠道，给厂商、代理商和消费者带来更多的利益，本公司决定在南京召开 ×× 电子有限公司20×× 年度显示器代理商工作会议。现将有关事项通知如下：

一、会议议题

1. 总结各地区代理销售情况。

2. 讨论并解决各地区存在的销售问题。

3. 商讨建立顺畅稳固销售渠道的措施。

二、参加会议人员

各地区代理商及本公司各部门负责人。

三、会议时间

5 月 10 日至 5 月 12 日。5 月 9 日在南京 ×× 宾馆大堂报到。

四、会议地点

南京 ×× 宾馆二楼圆形会议厅。

五、其他事项

1. 大会将为各与会人员免费提供食宿。

2. 参加会议的代理商请按要求填写本通知所附的会议报名表，于 4 月 20 日前寄回会务组。需接车或接机的人员，务请在会议报名表中注明。

3. 请华东、华北及华南各代理商报到时向我公司提交一份销售情况报表。

4. 联系方式

联系人：张 ××

联系电话：×××××××××　电子邮箱：××××××@163.com

通讯地址：南京市 ×× 路 ×× 号 ×× 电子有限公司代理商工作会议会务组

邮编：××××××

附件：

1.×× 电子有限公司代理商工作会议报名表（略）

2. 会议日程（略）

3.×× 宾馆路线图及乘车指南（略）

×× 电子有限公司（公章）

20×× 年 4 月 8 日

会议邀请函

邀请函是传递会议信息常用的工具之一。邀请函的用途和会议通知相同，二者的主要差异在于，邀请函更注重礼仪性，一般发送给身份重要的人士，突出对受邀人的尊重。

1. 格式化邀请函

格式化邀请函又称请柬，有固定格式，制作精美，内容简短，适用于婚礼、典礼等活动。其正文内容需要写明活动时间、地点等必要信息。

2. 书信式邀请函

书信式邀请函以信件形式书写，篇幅较长，事项复杂，信息较多，适用于重要事务邀请，如学术研讨会、纪念会等活动。其正文内容与会议通知基本相同。

三、会议通知的发送

1. 会议通知的发送对象

选择恰当的参会者是会务工作中比较困难而又重要的工作，是会议成功的重要因素之一。确定参会者的要点有以下几方面：

（1）参加对象的职务或级别，即明确会议必须要担任什么职务或级别的人员才能参加。

（2）参加对象的身份，即明确参加对象是按照正式成员、列席成员、旁听成员、特邀成员等哪一种身份来参加会议。

（3）参加对象的代表性。

（4）参加会议的总人数。

2. 会议通知的发送方式和时间

会议通知的发送方式多种多样，可通过邮局挂号信邮寄或快递公司快递，也可通过传真、电子邮件发送会议通知扫描文本等。

有的会议对通知的发送时间有相关规定，如人大常委会议的通知要在报到前1~2周发出，需参会人员做大量准备工作的会议如学术性会议需要提前3个月先发预备性通知，等收到回执后再发正式通知，一般的会议没有必要过早发通知，以免情况发生变化而变更会期。

3. 发送会议通知的注意事项

（1）人员名单确定后，在正式发送之前送交上级审核，最终根据上级确定的名单发送会议通知。

（2）单位内部重要会议的通知应面送参会人员，并请对方签收，其他人代为签收的，通知后应跟踪落实，以确保通知到参会人员。

（3）外部会议通知一般邮寄，但应检查信封上和通知上的姓名是否一致，装信封和邮票时要注意，不要错装、漏装，信封上要写明“会议通知”字样。书面通知的地址、邮编等要填写正确。邮寄外部会议通知要尽量早些，以便参会人员接到通知后，有充足的时间准备。

（4）落实发送的回复环节，如发送对象有没有及时收到通知，可以通过电话、口头询问、电子邮件等方式检查通知发送是否落实。

（5）在会议前夕，最好能和所有接到通知的人员取得联系，进一步确认其是否能够到会，以便安排食宿等。

（6）对于一些经常参加会议的客户信息应用计算机打印出来，制作成名条，以便下次发通知时使用。

实训·练习

一、请指出下面这篇会议通知的不当之处，并进行修改。

××县卫生局关于召开卫生工作会议的通知

县属各镇（乡）、局（行）、厂矿：

为总结经验，进一步做好我县的卫生工作，县卫生局决定在本月中旬召开卫生工作会议，现将有关事项通知如下：

（一）参加会议人员为各单位主管卫生工作的主要负责人。

（二）参加会议人员应认真准备有关卫生工作情况及今后工作打算的材料，以便在会上汇报和交流。

（三）参加会议人员应于6月15日到县政府报到。

（四）会议结束后，将布置今年下半年的工作安排，请及时传达。

以上通知，希遵照执行。

××县卫生局

20××年6月1日

二、××省会计师学会准备召开会计师制度研讨会，会议地点在××市，参加会议的人员是各高校从事会计教学副教授以上的教师、各知名企业的会计主管、会计师事务所的代表等，其中有其他地市人员。会上将邀请全国知名的会计学专家作专题报告。会议要求与会人员要提交一篇论文。

请根据以上情况撰写一份会议通知，除上述事项之外，其余如会费、食宿、时间、地点、会议日程安排等事项自行补充。要求内容完备，事项清楚，结构条理清晰，语言简洁。

第三节　会前材料的准备

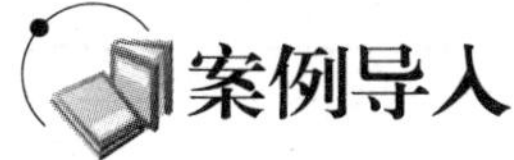

叶紫是某知名制药厂办公室的一名秘书。有一次，省安监局的一个检查组来到厂里，在实地检查了安全生产工作之后，还要听取厂领导的专题汇报。叶紫负责筹备这次汇报会的工作。

在准备工作中，她问过厂领导会议的主要内容和议程，领导说："主要内容就是我们向检查组介绍安全生产的各项措施。"叶紫就以为会上检查组人员不会发言，于是在准备音响设备时就只摆放了一支麦克风在厂领导的位置上。

在检查组成员和本厂有关人员来到会议室之后，厂办主任发现只有一支麦克风，马上要求叶紫再为检查组负责人准备一支。叶紫连忙打开设备柜找出了另一支麦克风摆放到位。匆忙之中，叶紫没有发现，这支麦克风中没有安装电池。当厂领导发言完毕后，检查组领导讲话时，声音无法通过音箱放出来。叶紫只好将厂领导使用的那只麦克风转移到检查组领导的座位前，会议这才进行下去。

思考：

1. 在这个案例中，叶紫事先了解了会议内容，为什么还是未能将设备准备到位？

2. 当发现设备短缺时，如果要进行弥补，应注意哪些事项？

3. 当会场的设备出现故障时，应如何及时解决？

会前材料的准备工作对于会议的顺利举行非常重要。会前材料主要包括会议文件、会议物品以及会议证件等。

一、会议文件

1. 会议文件的种类

会议文件是贯穿会议各个阶段的文字材料，记载了会议的组织过程和会议开展过程中的各种信息。会议筹备和召开过程中所使用的文件非常丰富，根据文件所发挥的作用，可将其分为 4 种类型，具体介绍参见表 1–3。

表 1–3　会议文件的种类

类型	含义与作用	常用文件
会务管理类文件	为了使会议顺利进行而拟定的各种会务文件，作为承办机构开展办会工作的依据，同时也可作为参会人员的行为指导	会议方案、应急预案、议程、日程表、会议通知、会议须知、通讯录、座次表、值班表、值班记录
会议文件	为了实现会议目的与职能，在会议召开过程中产生或使用的文件	开幕词、闭幕词、讲话稿、主持词、主题报告、专题报告、决议、决定、会议纪要、议案、提案、会议记录
宣传类文件	将会议进展情况向外界或参会人员进行传达的文字材料	会议简报、新闻稿
参考资料类文件	与会议主题和议题有关的背景性资料，供参会人员了解相关情况，从而更好地进行会议讨论	各种数据报表、调查报告、总结、剪报

2. 会议文件的准备

会议所使用的文件类型众多，每一种文件都具有各自的编制要求，筹备工作中应根据这些要求拟定出规范的会议文件。其中的一些文件，我们在后面不同章节会有所介绍，这里重点介绍会议文件准备的基本要求、会议议程撰写方法、会议参考资料的准备方法。

（1）会议文件准备的基本要求

1）文件装袋。按照参会人员名单，为每个人准备好一个专用的文件袋，外面填写姓名，并注明“会议文件”字样。

2）文件编号。对于重要文件，应事先为其编制号码，并在发放时进行登记。文件编号通常印在文件首页左上角处，字体应有别于正文字体。如果文件需要保密，还应注明保密等级。

3）注意退回。一些征求意见稿或保密性文件，需要在会后退回，应附上一份文件清退目录，并提醒参会人员切勿私自带走。

4）数量充足。准备会议资料时，不宜严格根据参会人员名单的数量打印相应的数量，而应考虑到文件丢失、参会人员临时增加等情况，适当多打印一些备用。

5）事先送达。内容重要而又需要先送达参会人员的文件，可派专人递送或采用传真、特快专递等方式送达。

（2）会议议程撰写方法

会议议程是对议题进行分解并安排好顺序而形成的一种概要性的进度计划，是会上讨论的依据，也是主持人主持会议的依据。议程一般采用简单列表的形式，条理清晰。议程中的议题不宜过多，内容应简洁明确。

议程的主要内容包括：会议目的（或目标）、会议时间和地点、会议组织者、参会人员及其职能、主要议题及所用时间等。表 1–4 即是一个会议议程的范例。

表 1–4　　《新员工培训管理制度》定稿会议程表

会议目的：讨论定稿《新员工培训管理制度》			
会议主题：讨论《新员工培训管理制度（草稿）》，提出修改意见并定稿			
会议时间和地点：20×× 年 10 月 12 日上午 9 点　公司四楼小会议室			
参加人员：刘军（副总经理）、马海萍（人力资源部经理）、吴素芳（行政部经理）、王军朋（技术部经理）、刘爱国（市场部经理）、李铭（培训专员）			
序号	议题	发言人	时间分配
1	开场，说明会议主题与议程	刘军	5 分钟
2	说明《新员工培训管理制度（草稿）》的编写思路	马海萍	10 分钟
3	对草稿几个问题进行说明	李铭	5 分钟
4	提出修改意见并讨论交流	全体	30 分钟
5	归纳、明确定稿内容	马海萍	20 分钟
6	总结	刘军	5 分钟

议程表中议题顺序的安排

1. 按照重要程度安排顺序。将重要的议题放在会议开始讨论，次要的议题放在后面讨论。这种安排的优点在于，能够保障重要议题的讨论时间，即使在预定时间内无法处理完所有议题，也不会耽误重要事务。

2. 按照议题类型安排顺序。将需要讨论的若干议题进行分类，例如将与考勤有关的议题集中在一起，然后是与培训有关的议题集中在一起。这种顺序能够使参会人员的思路相对集中，更容易达成一致。

3. 按照议题逻辑联系安排顺序。安排在前面的议题应是后面议题的逻辑前提，只有解决了排在前面的问题，才有可能解决后面的问题。

4. 按照紧急程度安排顺序。

5. 涉及参会者切身利益的议题和保密性的议题安排在后面。

（3）会议参考资料准备方法

参考资料可提供与会议主题相关的文献和数据，帮助参会人员在相关事宜的讨论中做出客观的判断。在会议准备工作中，应根据需要来选择适当数量的参考资料。

参考资料应在会议正式召开之前发给参会人员（可以随同会议通知一起下发），使其有充足的时间阅读。如果参考资料易于阅读而且数量较少，可以在参会人员报到时发放。发放参考资料之后，会务人员应注意督促参会人员阅读这些材料，并提醒其到会时携带。

准备参考资料的小技巧

1. 参考资料应简短且确有必要，避免篇幅过长。

2. 如果确实需要采用长篇文章，应在正文之前归纳出提要。

3. 参考资料的形式应灵活，提倡采用表格、图表等形式替代文字。

4. 所有的参考资料应标有编号并注明“×× 会议参考资料”或“×× 会议交流材料”字样。

二、会议物品

1. 会议物品的种类

会议物品的准备是会议前期重要工作，会议物品是否齐全、合理，对会议效果产生着直接的影响。

会议物品分为两大类：必备用品和特殊用品。除了这两种基本类型之外，还有视听器材、通信设备和文具及文件用品等。

（1）会议必备用品和设备

会议必备用品和设备是指各类会议都需要的用品和设备，包括桌椅、茶具、水、扩音设备、照明设备、空调设备、通风设备、安全通道、消防设施等。

1）桌椅、茶具、茶水、矿泉水等物品。如会场空间小，可使用饮水机；会场空间大，可逐桌摆放矿泉水或热水杯。如会议规格高，参会人员较少，应由工作人员负责添水。

2）音响系统。音响系统是会议顺利进行的重要保障，主要包括功放机、音箱 2 套（其中 1 套备用）和若干麦克风。麦克风的数量应根据会场座位布局及发言人数量而定。音响及麦克风应逐一调试，必要时要请音响人员专门负责。

3）照明设备。会场灯光的亮度要适宜，台上光线一般要比台下亮一些。晚上开会要做好停电的应急准备工作。

4）空调设备和通风设备。会务人员应在开会之前调节好室温。会前要检查空调设备，一般要在会议前 2 小时开机预热或预冷。

5）安全通道和消防设施。大中型会议的会场要设有足够的安全通道，并配备可靠的消防设施。

6）会议必备其他用品。如果会场电源插座少，应提前准备足够的接线板、多功能插头。还有会议议程相关物资，如装有大会流程、发言幻灯片、相关歌曲、背景音乐等的 U 盘等。

（2）会议特殊用品和设备

会议特殊用品和设备是指一些特殊类型的会议，例如展览会议所需的产品样品等特殊用品和设备，具体如下：

1）营造会场环境气氛的物品，如会标、条幅、充气拱形门、充气气球、鲜花、绿色植物等。这些物品可以营造庄严、肃穆、热烈等不同风格的会场气氛。如果会场有多个而且比较分散，则还应在通道或道路适当位置摆放指引牌、方向标等物品。

2）如果有选举、表决、表彰的议程，需准备好投票箱、计数设备。

3）其他多媒体设备，如打印机、复印机、笔记本电脑等。

4）签到簿或电子签到机。通常在有外单位人员参加会议，或参会人数较多需统计人数时用到。

5）其他特殊会议物品，如礼品、禁烟标志、公司放大的标识、备用医药箱、打印纸等。如需使用黑板、白板，应确保已擦干净，并准备好粉笔、指示棒、板擦、白板笔等。如需安放图架，应准备好配套图表和足够的纸张。

（3）视听器材

视听器材包括计算机、投影机、红外线显示笔（讲解幻灯片用）、屏幕、电视机、录音设备、摄像设备等。如果是电话、电视或网络会议，须提前检查线路，调试设备，保证音响效果良好。

（4）通信设备

会议召开过程中往往需要对外进行通信联络，所使用的通信设备主要有电话机、传真机、计算机网络。会议筹备阶段应根据实际需要选择有效的通信方式，并检查通信系统的工作情况。

（5）文具用品

会议所需文具主要包括笔、笔记本、文件袋、便笺纸、信封、信纸、图钉、曲别针、裁纸刀、剪刀、胶带、双面胶、胶水、计算器、绳子、彩带（捆扎礼品用）等。

大会专用信封、信纸一般需请印刷设计公司设计符合大会主题的字体、色系，按照该字体、色系去延伸设计其他相关印刷品，这样使大会的印刷品具有整体感，能加深与会人员印象。

（6）文件用品

1）座位名签。如有外单位人员参加会议，要准备摆放或粘贴座位名签。座位名签是参会人员身份的标识，既充分体现对该参会人员的尊重，又便于其入座，同时有助于清点人数。座位名签一般应用浅红色纸、黑字书写。注意文字要大小适中，容易辨认，应写清该座位人员的姓名（核实无误）或单位名称。

2）胸卡和绶带。本单位工作人员需佩戴胸卡表明身份，礼仪人员需佩戴绶带做好迎来送往工作。

3）获奖奖品、奖状或荣誉证书等。

4）宣传品、海报等。

5）会议指南、节目手册、晚宴邀请卡、餐券等。

2. 会议物品的准备

（1）会议物品准备的基本要求

1）准备充分。会议所使用的物品不仅种类多样，而且每个品种的数量也比较多，此外有些参会人员对物品还有特殊需求。因此，在筹备阶段必须充分考虑各种因素，不仅要能够满足常规需求，对于特殊需求也要给予适当照顾。组织者应对会议物品的种类和数量进行综合考虑，保证在会议进行期间不会出现物品短缺的情况。

2）合理使用会议经费。在筹备阶段，组织者应对会议经费进行统筹安排，为会议物品预留适当的经费额度。在采购或租赁会议物品时，本着够用、适度的原则合理使用经费，既不铺张浪费，又不过分简化。

3）昂贵用品租赁使用。会议所需的音响系统、灯光系统等较为贵重的设备，可以采用租赁的方式获得使用权。租用这类设备时要慎重检验其质量，最好租赁前现场调试，并签署租赁协议。

4）列出物品清单。为了做到万无一失，减少疏漏，应将会议所使用的各种物品列出清单，既能作为筹备阶段的依据，又能在会议结束后清退时有所参照。可以按照类别列出多份物品清单，也可以将所用的全部物品列为一份清单。会议筹备阶段列出的物品清单通常包括物品名称、数量、单价、总价、来源等项目，见表 1–5。

表 1–5　　会议必备用品和设备及预算一览表

名称	数量	单价（元）	使用时间	总计（元）	来源	负责人
照明设备	1 套	300	2 天	600	租用	
扩音设备	1 套	300	2 天	600	租用	
通风设备	1 套	300	2 天	600	租用	
瓶装矿泉水	1 500 瓶	1		1 500	购买	
茶具	30 套	1	2 天	60	租用	
桌椅	500 套	1	2 天	1 000	租用	

（2）会议物品的获取方式

为了保证会议顺利进行，筹备工作中应开辟多种渠道获得数量充足的会议物品。

1）调用现有物品。利用本单位现有的物品设备，能够节约会务经费。调用现有物品，应提前做好计划并和相关部门人员进行协商。

2）购买。需要购买的物品主要有两类：一是消耗性物品，如纸张、瓶装饮用水等；二是经常用到的物品，在会议结束后仍然能够发挥价值，如红外线显示笔等。

3）租赁。需租赁的会议设备和会议物品包括：同声传译机、同声传译接收机、手持无线麦克风、有线麦克风、投影仪、投影幕、电子白板、演讲台、台签、会议桌椅、户外音响、室内音响、充气模型等。这些设备可以根据需要向专业机构租用。

4）自制。会议活动中所使用的大量物品除了购买、租用和定制外，有些还需要在筹备期间自行设计制作，如宣传册、会议指南、海报等。

会议物品准备方法

1. 平时注意收集整理会议设备租赁公司的信息，整理成一份列表，记录这些公司的名称、地址和联系电话。

2. 收集整理文具用品供应商和办公设备供应商的信息，整理成列表。

3. 掌握本公司内部可用的各种设备情况，如设备类型、存放位置，以便调用。

4. 掌握本公司内部紧急维修人员以及外部维修单位的联系方式。

三、会议证件

1. 会议证件的种类

会议证件主要有以下几种类型：代表证（参会人员具有表决权或选举权）、列席证（参会人员只能旁听，无表决权）、工作证（会议工作人员佩戴）、记者证（到会的新闻媒体人员佩戴）、来宾证（主办方邀请的嘉宾佩戴）。

2. 会议证件的准备

会议证件的准备工作，既可以委托给专业的制作公司来完成，也可以由会议筹备机构来完成。制作时应注意以下几个方面：

（1）证件内容齐全

证件内容应包括：会议名称、参会人员姓名、称呼（先生、女士等）、身份（职务或职称）、组织或企业名称。

（2）粘贴照片

重要的大型会议应在证件上粘贴佩戴者本人的照片，并加盖印章。

（3）区分颜色

如果参会人员比较多，而且在会议中所承担的职能不同，那么应将会议证件设计成不同的颜色以示区别，一般采用红、黄、白、蓝四种颜色。

（4）体现文化理念

应注意根据不同的企业文化设计证件，如有的企业强调明确的职务区分，而有的企业则强调员工之间的平等，这些文化理念应在证件上面得到相应的体现。

（5）美观大方

会议证件的大小尺寸应合理，既经济节约，又美观大方。

按照“新会风”要求开展会议筹备工作

2012 年 12 月 4 日，中共中央政治局召开会议，审议通过了中央政治局关于改进工作作风、密切联系群众的八项规定。其中明确提出“要精简会议活动，切实改进会风”“要厉行勤俭节约”等要求。党政机关、事业单位、国有企业等单位，应当按照这些要求开展会议筹备工作。具体包括以下方面：

1. 不得向参会人员收取会议费用，以任何方式向下属机构、企事业单位、地方转嫁或摊派会议费用。

2. 不得到党中央、国务院明令禁止的风景名胜区召开会议。

3. 不得组织与会议无关的参观游览和高消费娱乐健身活动。

4. 不得宴请与会人员，提供烟酒和高档菜肴。

5. 不得发放纪念品及其他物品，额外配发洗漱用品。

6. 严格执行会议用房标准，不得安排高档套房。

7. 会议会场不得摆放花草、制作背景板、提供水果。

8. 各类表彰会应以精神奖励为主，不得发放奖金或奖品（有国家政策规定的除外）。

9. 不得套取会议费设立“小金库”，以及在会议费中列支公务接待费。

10. 不得使用会议费购置电脑、复印机、打印机、传真机等固定资产以及开支与本次会议无关的其他费用。

一、假如你所在的系要举行一次辩论会，参加的人员除了正方和反方两组辩手之外，还有主持人 1 名、评委 5 名、工作人员 3 名、观众 100 名。请根据这一情况介绍，列表写出此次辩论会所需要的文件和物品及其数量，并说明其来源途径。

二、某公司在年底准备召开一次总结表彰大会，参加的人员主要有公司领导5名、受表彰人员20名、员工200名。会议的主要议程有宣读表彰决定、颁发奖杯和奖状、受表彰人员代表发言等。请根据这一介绍，列表写出此次会议所需要的文件和物品及其数量，并说明其来源途径。

第四节　会场准备工作

20××年3月，有媒体报道某著名肉类品牌的产品采用含有“瘦肉精”的猪肉作为原料。这一报道引发了全国范围的关注，同时也使该企业蒙受了巨大的舆论压力和经济损失。该企业召开万人职工大会，参加会议的有企业管理层、职工、经销商和新闻媒体。会上，企业负责人郑重向全国消费者道歉。

但是，到场的媒体记者却发现一个细微的问题。会场主席台后面的背景板上，公司英文名称出现了问题，将“SHUANG”错误地拼写成了“SHAUNG”。当这一错误的照片在网络上发布的时候，有网友评论说：“一个连会场布置都出问题的企业，难道还值得信任吗?”也有网友说：“一个拼写错误只是微不足道的小问题，不足以对这个企业的产品质量产生什么消极影响。媒体将这个问题曝光，是小题大作。”

思考：

1. 在这种会议上，是否有必要注明企业的英文名称？为什么？
2. 你认为该企业会场中出现的这个问题，是不是一个无关紧要的错误？为什么？
3. 应如何预防这类错误的发生？

会场和会议地点是具有密切联系的两个概念。一般情况下，会场特指会议举行的会议室、礼堂等封闭空间；会议地点既可以指会议召开的地区、区域，也可以指特定的会议场所。

会前的会场准备工作主要包括：选择和预订会场、布置会场、安装调试会场设备等。

一、会场的类型

常见会场类型见表 1–6。

表 1–6　　会场类型

类型	容纳人数	特点	适合会议类型
会议室	10～50 人	空间封闭，避免打扰，保密性强 调用灵活便捷	各种内部小型会议，如例会、部门会议、座谈会、交流会、谈判会议等
礼堂	百人以上	座位固定，容纳人数固定 功能分区明显，有主席台 设备比较完善	各种大中型会议，如表彰大会、庆典大会、全体大会、代表大会、报告会等
多功能厅	人数不固定	空间可以根据会议需要灵活划分 会议时间之外可以有其他用途 容纳人数灵活，人员进出会场比较自由	大型会议的分会场、展览展示会、临时会议
露天场地	人数不固定	空间可以根据需要扩充 容纳人数灵活，人员进出会场比较自由 易受各种因素干扰	群众集会、庆典仪式

二、会场的预订

1. 会场预订的原则

（1）根据会议类型预订会场

如国际性或全国性会议，要考虑政治、经济、文化诸多因素，一般应在首都北京或其他中心城市如上海、武汉、广州、西安等地召开；专业性会议，可选择富有专业特征的地区召开，以便结合现场考察。

（2）根据基础设施条件预订会场

会场周围最好交通便利，这样既便于会议主办方做好会议筹备工作，又便于参会人员顺利找到会场。还应考虑有无停车场所和安全设施问题。

（3）根据会议规模预订会场

一般来说，每人平均应有 2～3 平方米的活动空间。同时应考虑会议时间的长短，时间长的会议可选择空间较为宽松的场地。

2. 会场预订的方式

无论是使用内部会议室还是租用外部会场，在会议筹备阶段都需要提前预订会场，以免与其他会议产生冲突。

（1）预订内部会议室

小型会议或内部会议，应优先选择本单位内部会议室作为会场，这样既可节约经费，同时也给参会人员带来便利。预订内部会议室应注意以下几个方面：

1）适当提前。预订会议室应要在会议召开前1周左右进行，当确定会议召开时间后，应及时预订，以免产生会场冲突。

2）确认预订。由于会议室主要供内部使用，单位内的小型会议数量比较多，有些会议是临时性的，所以很容易出现会场冲突。为了避免预订的会议室被临时占用，预订了会议室之后，在会议召开前一天应再次确认。

3）合理调配。预订和调配会议室应尽量使场地的大小、格局、设备和会议人数、性质与类型匹配。

（2）预订外部会场

会议根据需要可以租赁外部会场。在会议筹备阶段，应熟悉本地能够提供会场租赁服务的酒店、宾馆的地理位置、联系电话。租赁外部会场时要注意以下几个方面：

1）应有完善的设施、设备。会议必需的桌椅家具、通风设备、照明设备、空调设备、音响设备要尽量齐全。同时应根据会议的需要检查有无要租用的特殊设备，如演示板、电子白板、投影仪、麦克风等。

2）尽量避开闹市区。市区中心容易造成交通堵塞，不适合大中型会议。“外界干扰”还包括室外的各种噪声，打进会场的电话，以及来访和参观活动等。因此在会场外应挂起“会议正在进行中，谢绝参观”的牌子。会场内部也应具有良好的隔音设备，以保证会议能在安静的环境中顺利进行。

3）合理的场地租赁费用。租赁费用是办会的主要成本之一，相对低廉的费用将极大地节约会务经费。

4）预订外部会场时，应签署正式的租赁协议。租赁协议是会务组与会展中心或宾馆合作的基础，要细致、全面、对等，防止漏洞。协议内容一般包括会议日期、住房标准及费用、场地安排及费用、餐饮及费用、双方责任、结算方式等。协议文本可参考下文。

会场租赁服务协议

甲方（租赁方）：×× 市世纪大厦酒店管理有限公司

乙方（承租方）：×× 商贸有限公司

甲乙双方经友好协商，就甲方向乙方出租世纪大厦大礼堂会场达成以下协议：

一、租用时间、地点、租金及预付款

时间：20××年10月27日8时至10月29日12时。

地点：××市××路××号世纪大厦1楼大礼堂（金山会堂）。

租用价格：人民币共计4 500元（大写肆仟伍佰元整）。

预付款：人民币2 250元（大写贰仟贰佰伍拾元整）。

二、工作程序

1. 乙方须在签订本协议后2天内，向甲方预付总价款50%的预付款，乙方不按约支付预付款，甲方有权解除本协议。

2. 甲方签署本协议并在乙方按约支付预付款后，将在约定时间、地点按所商定的标准为乙方提供服务。

3. 当本次租赁服务结束当日，乙方向甲方按约结算。

三、双方责任

1. 甲方责任

（1）甲方严格按照乙方的要求进行会场留存及布置，不得擅自改变会议时间、地点或场次。甲方若需变更会议地点、时间，须提前5日通知乙方，取得乙方同意；若甲方擅自取消会议，甲方须支付与预付款等额的违约金。

（2）保障会场基础设施（包括桌椅、灯光、电路等）安全使用。

（3）保障会场音响扩声系统、投影显示系统能够正常使用。

2. 乙方责任

（1）预订后，如因乙方的原因取消租用场地，乙方须向甲方支付预付款等额的违约金；甲方直接在已收的预付款中抵扣。

（2）乙方若需变更会议时间或场地，须提前5日通知甲方，甲方在会议安排许可的情况下做出调整并收取总价款50%的金额作为违约金，若甲方不能调整会议时间、场地导致乙方取消本协议，按本条第一款执行。

（3）会议期间若乙方将会场的设施、设备、低值易耗品等损坏，乙方须照价赔偿。

（4）乙方逾期支付租金，每逾期一日，向甲方支付总价款20%的违约金。

四、结算方式

支票。

五、协议终止

当甲方、乙方遇到不可抗力发生，则允许一方提出终止合同而不必承担违约责任。

六、其他事项

1. 若发生纠纷，由双方协商解决，协商不成，在甲方所在地人民法院以诉讼方式解决。

2. 以上条款如有未尽事宜，双方可协商解决。

3. 本协议书一式两份，甲乙双方各持一份。协议书由双方代表签字盖章后即可生效。

甲方（盖章）：________________ 乙方（盖章）：________________

代表：________________ 代表：________________

联系电话：________________ 联系电话：________________

20×× 年 10 月 15 日 20×× 年 10 月 15 日

三、会场内部环境布置

会场内部环境布置主要包括会场布局形式的选择、主席台的布置、主席台的座次安排以及与会代表的座次安排、会场氛围的设计等。会场内部环境布置应能体现出会议的主题和气氛。

1. 会场布局形式

常见的会场布局形式主要有 4 类，不同类型所适用的会议也有所差异，见表 1-7。布局图如图 1-2 ~ 图 1-7 所示。

表 1-7 会场布局形式的类型

会场格局	常见会场形式	适用会议	特点
相对式	大小方形、半圆形	大中型的报告会、总结表彰会、代表大会等	会场恢宏壮观，会场气氛庄严肃穆，突出主持人和发言人
全围式	圆形、椭圆形、多边形、长方形、正方形、回字形	小型会议及座谈会、协调会等	人员紧凑，容易彰显和谐愉快的气氛，便于与会代表沟通
半围式	马蹄形、方拱形、T 字形	适用于中小型的工作会议，咨询、述职、考评和听证等会议	介于相对式与全围式之间，既便于主持人与参会人员的沟通，又可增强会议效果
分散式	方桌形、V 字形、圆桌形	规模较大的联欢会、茶话会、团拜会等	既强调领导和嘉宾的地位，又利于与会代表相互沟通和交流

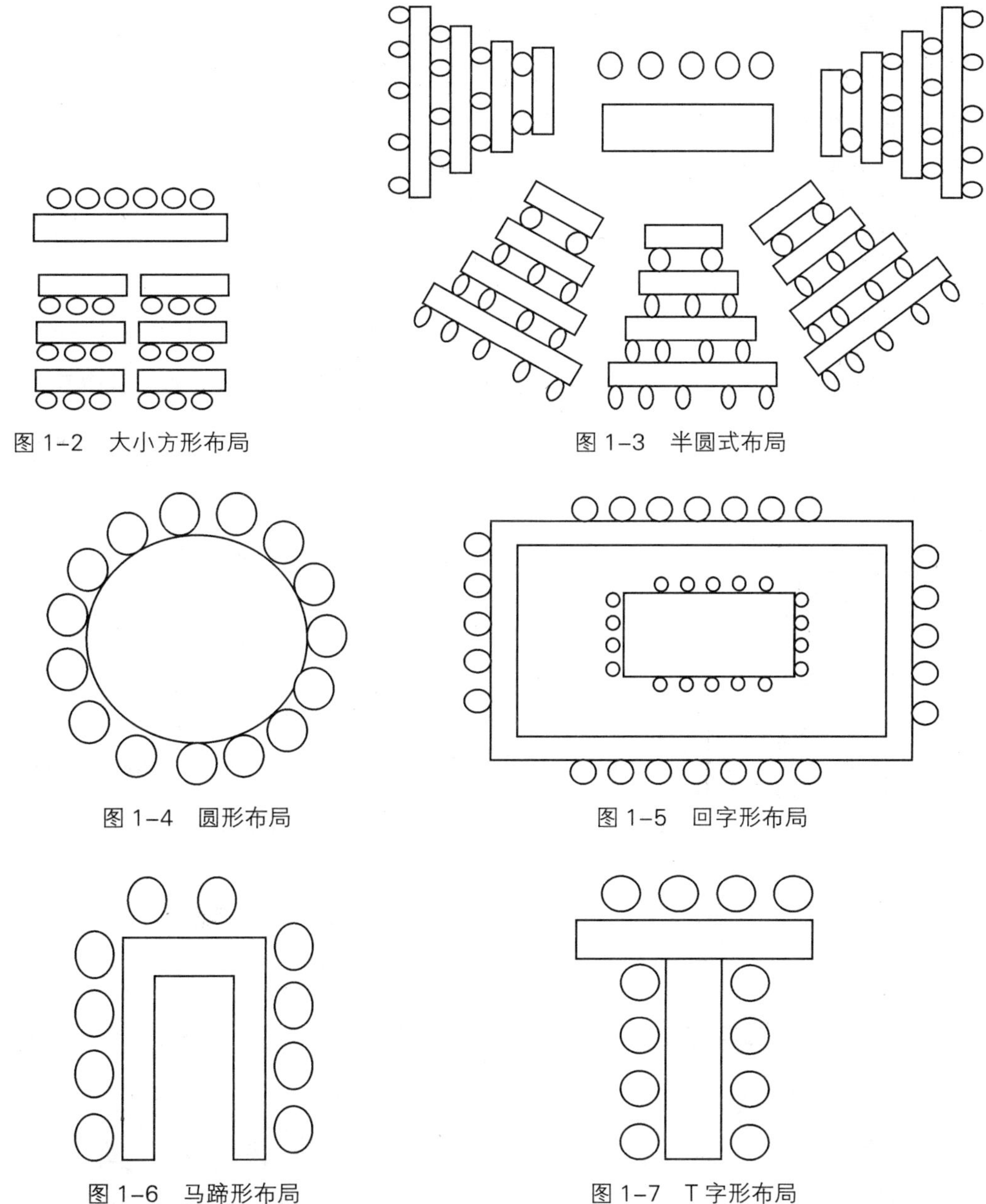

图 1–2 大小方形布局

图 1–3 半圆式布局

图 1–4 圆形布局

图 1–5 回字形布局

图 1–6 马蹄形布局

图 1–7 T 字形布局

2. 主席台的布置

主席台既是会场中最醒目的地方，也是会场的核心，因此是会场布置的关键。一般要在主席台上方悬挂会标，天幕悬挂会徽或其他艺术造型，主席台上放置座位台签。

（1）会标

会标一般为红底黄字，内容为会议活动的名称。会标应悬挂在主席台上方。也有一些会场在主席台上方安装有电子屏幕，用来取代传统的会标，使用时通过计算机控制将会议名称显示在屏幕上。

（2）会徽

会徽是体现或象征会议精神的图案性标识，既可用组织的徽志作为会徽，如国徽、党徽等，也可以采用专为会议设计的标识。

会标和会徽以及其他标识，可以设计制作到一块大面积的平面幕布上，作为主席台的总体背景。

（3）讲台

重要的代表大会、报告会需在主席台设置专门的讲台。讲台可设在中央，位置应低于主席台，以免报告人挡住领导人的视线；也可设在主席台的右侧；较大的会场也可在主席台两侧均设置讲台。

3. 座次的安排

座次是参会人员就坐的具体位置，安排座次是会议筹备的重要内容。安排座次应考虑参会人员的职务、身份和在会议中的职能等多种因素。

（1）主席台座次安排

主席台是全场关注的重点区域，座次安排应符合规范和惯例。

1）国内会议主席台的座次安排。按照职务的高低安排座次，职务最高者居中，按先左后右（以主席台的朝向为准）、前高后低的顺序依次排列，如图 1–8 所示。

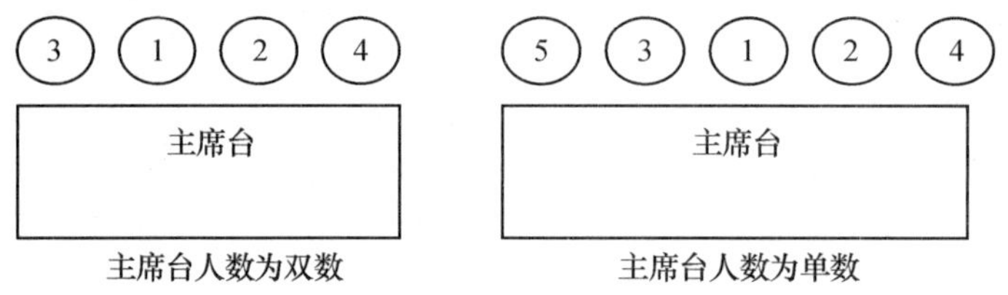

图 1–8　主席台座次安排示意图

2）国际性会议主席台的座次安排。主办方身份最高者居中，其他来宾按照国际礼宾次序先右后左（以主席台的朝向为准）向两边排列，这一点与国内会议排法正好相反。

3）主持人座次安排。主持人既可在前排边座就座，也可按照职位高低顺序就坐。

主席台座次排好后，要把主席台座次图贴在休息室门口，并在主席台上摆放座位台签，以便领导对号入座。

（2）参会人员的座次安排

普通参会人员的数量较多，所占用的空间也比较大，合理有序的座次能够极大地提高会议效率。为了保证参会代表顺利地对号入座，确保会议和活动井然有序地进行，大中型会议必须会前安排参会代表的座次。排列座次的方法主要有三种，可以根据需要选择合适的方法。

1）竖排法。把每个代表团、单位、小组的座席从前向后排成纵向一列，再按团队顺序从左到右横向排列座次，如图 1–9 所示。可按照参加会议的团队名称笔画或汉语拼音字母排列顺序，也可按照约定俗成的惯例排列顺序。

国际性会议往往按照与会国家英文名称的第一个字母顺序。这种排法要注意先排出正式代表，后排出列席代表。

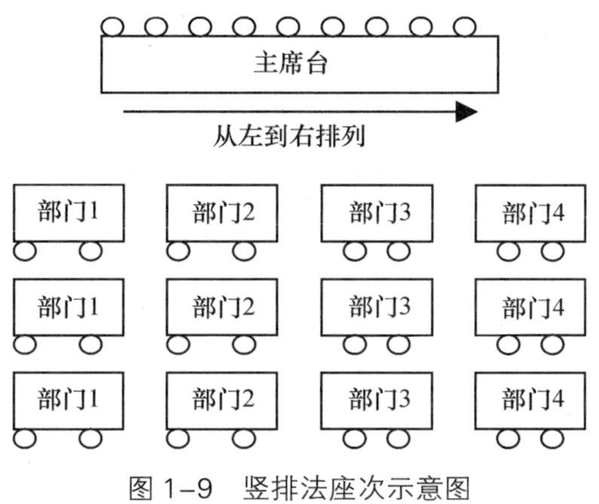

图 1–9　竖排法座次示意图

2）横排法。按照既定的次序把参会的各个代表团、单位、小组的座席排成横向的一行，再按团队顺序从前到后依次纵向排列，如图 1–10 所示。选择这种方法也应注意将正式代表或成员排在前，职位高者排在前，列席成员、职位低者排在后。

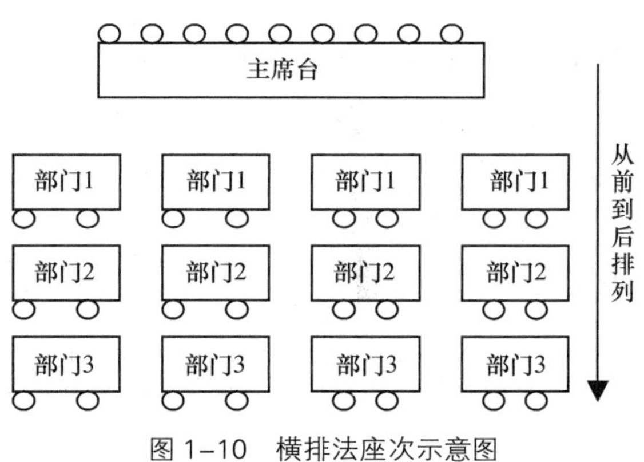

图 1–10　横排法座次示意图

3）左右排法。这种排列方法的要领是：把每个参会的代表团、单位、小组的座席安排成纵向的列，再以会场的中心为基点，将顺序在前的排在中间位置，然后先左后右（以主席台的反向为准），一左一右向两侧横向交错扩展排列座次，如图 1–11 所示。

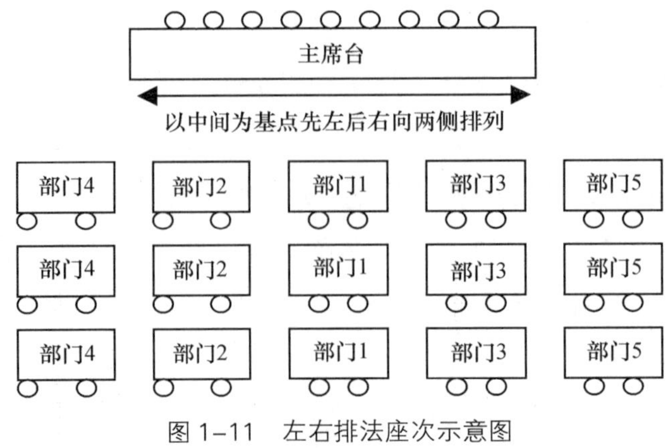

图 1–11　左右排法座次示意图

选择这种方法时应注意人数。如果代表团、单位、小组数量为单数，排在第一位的成员应居中；如果代表团、单位、小组数量为双数，那么排在第一、二位的两位成员应居中，以保持两边人数的均衡。

无论采用何种排法，座次安排好后，秘书要提前在会场入口粘贴指示牌、座位图，或在参会代表的出席证上注明座位号，以便参会代表顺利入座。

4. 会场氛围的设计

会场布置应考虑会场色调对来宾心理和情绪的影响，一般不选择全白色或红色的会场，而以蓝色和浅灰色为主。会场要求整体环境舒适、温度适宜、不压抑、无噪声、光线充足、音响效果良好。卫生间不能离会场太远，否则会给来宾造成诸多不便。

不同的会议要求具备不同的环境。一般来说，人大会要求庄严大方，党代会要求朴实无华，庆祝会要求热烈喜庆，博览会要求内容精彩，追悼会要求庄重肃穆，座谈会要求和谐融洽，纪念会要求隆重典雅，日常工作会议要求方便实用。

四、会场外部环境布置

在会场四周和会场入口，一般应悬挂横幅标语、迎宾牌、花篮等，以烘托会场的气氛。

庆典性会议或活动，可以在比较宽敞的入口位置摆放充气模型，颜色、跨度、文字内容可以根据需要确定，如图 1–12 所示。

另外，也可以设置或悬挂彩旗（见图 1–13）和标语，烘托喜庆热烈的氛围。还可以悬挂升空气球，底下悬挂大型条幅，如图 1–14 所示。迎宾礼仪人员的位置一般安排在会场主入口通道两侧，如图 1–15 所示。

图 1–12　会场气模

××十年 再创辉煌

图 1–13　彩旗样式

图 1–14　升空气球

图 1–15　迎宾礼仪人员

五、会场设备的安装与调试

会场所使用的设备分为固定设备和临时设备两类。固定设备是会场原有的设备，一般包括照明设备、桌椅、音响设备等；临时设备是根据不同会议的需要而临时安装到会场之内的设备，例如摄影机、投影仪等。固定设备和临时设备的区分是相对的，例如有的会场内没有安装音响设备，开会时需要临时配置。无论是固定设备还是临时设备，在进行会场布置工作时都应进行检查，确保设备能够正常使用。

1. 专人负责设备安装与调试

会场的设备应安排专人负责。桌椅应提前进行检查，确保数量能够满足会议需求，如果存在短缺，应及时增加。会场中的临时设备，应由专业人员负责安装与调试，并试运行一段时间进行检验。

设备管理人员的基本职责是：使用前检查全部电源，准备需要用的耗材，认真填写设备使用操作记录，操作过程中出现异常现象时，要做详细记录，并及时进行维修。

各类设备的安装、摆放和使用要求是不同的。例如，麦克风要选最佳位置摆放，如果讲话人较多，则应多摆放几组麦克风，以免来回挪动。盛夏开会，要确保空调、通风等设备能够正常运行，使会场温度适宜。

2. 及时维修问题设备

对于那些“带病”运行的设备，应争取将其替换下来。如果条件不允许购置新设备，应做预案，一旦设备在会议中出现故障，应马上进行修复。

3. 进行必要的演示与检测

不论视听设备是由谁提供的，在临近会议开始前都应对设备工作状况进行测试。如果可能的话，应在测试结束后对设备做一些标识，避免使用时候拿错。

尽管大多数发言人员不需要或不要求进行预演，但是，大会的承办者还是应在会议正式开始之前测试会场。在需要使用视听设备的会议之前，有必要对灯光调整和幻灯片放映等进行预演，以确保发言人员都清楚设备操作的过程。

4. 使用电器设备的特殊要求

（1）电源及连线

会议中使用的视听设备应选用标准化的、安全性能高的交流电源插头和插座。插拔电源插头、电缆接线时，最好使设备的电源处于关闭状态，以避免不小心碰掉电源造成非正常关机。

（2）散热

大部分视听设备在工作时都会发热，所以要为设备留出足够的空间，尤其是不要遮挡住设备的通风口，以保证机器能良好地散热。如果天气炎热且室内通风不好，可使用空调或风扇帮助散热。

（3）清洁

应保持设备使用场所和存放地良好的卫生环境。同时，设备使用一段时间后会沾有很多的灰尘或碎屑，应养成定期清洁的习惯。在清洁时首先要切断电源，用微湿的布（只加入水）擦拭外部，用干的或少含水分、不起毛的软布、小刷子、吸尘器或专用设备清洁。如果不慎有水溅到设备内，要先关闭电源或取下电池，然后用拧干的软布仔细擦拭设备机体，再用干的软布将机体擦干。

会前检查场地

为保证会议的顺利进行，会前要对会场布置进行检查，俗称“踩点”。会前检查可以采用两种形式进行：一是领导人听取大会筹备处各组汇报，二是现场检查。为了确保万无一失，会前检查一般应对现场进行实地考察。秘书要密切配合领导人的检查工作。

一般会议检查的重点是：会议文件材料的准备、会场布置是否与会议议题相适应，会标是否端正醒目，主席台是否按照拟定次序布置，领导人台签是否妥当，旗帜等烘托气氛的装饰物是否得体，音响等设备是否工作正常，安全保卫工作是否到位等。大中型重要会议的会前检查还包括场地划分是否合适，进场退场路线安排是否清晰，警卫人员、票证检验人员、交通指挥人员及主席台服务人员的就位情况是否明确等。

实训·练习

一、在某企业召开的年度表彰大会上，颁奖仪式正在进行。由于颁奖人次多，而且受奖人没有按照领奖顺序在前排就座，领导手拿奖品奖状却找不到领奖的人，领奖的人上台后，不知道谁给自己颁奖。一时间，主席台上有人在交换位置，有人在交换奖品，一片混乱，表彰会应有的庄严、隆重、热烈的气氛大受影响。

请根据这一介绍思考：主席台为什么会一片混乱？应该如何避免发生这样的现象？

二、天地公司将于20××年12月18日召开第七届职工代表大会，会场安排在公司大礼堂。开幕式后将分部门进行小组讨论，公司共有11个部门，分别为人事部、生产部、技术研发部、市场部、销售部、售后服务部、招商引资部、公关部、外联部、物流部和后勤部。

请根据这一介绍思考以下问题：这次大会是否需要设置分会场？如果要设置分会场，应如何安排？请做出主、分会场布置方案，并将方案做成PPT演示文档。

第五节　会前财务准备

小林是某物业管理公司的一名秘书，负责组织一年一度的新春年会。其实这种年会更像是一次联欢会，所有的员工欢聚一堂，除了聚餐之外，还有文艺表演、抽奖等活动。小林经过征求多方意见后，终于确定了用餐的标准、节目道具服装、奖品设置、场地等项目，并以此为依据编制出了整个活动的预算。

当他把年会方案和经费预算表交给经理审阅时，经理问："今年的活动经费比去年多还是少呢？"

小林先前并没有去查阅去年的活动预算，只好含糊地答道："和去年比，基本上相同。"经理说："我印象中去年花的钱要多一些啊。"然后也没再说什么，提笔签署了"同意"。

就在筹备期间，有一位负责与酒店联系的同事对小林说："今年的会议餐费怎么比去年少将近 1 万块钱呢？是不是搞错了？"小林又核算了经费表，没有发现什么问题。那位同事说："咱们的年会要举行两天。第一天大多数员工进行联欢，第二天还有一次聚餐，让因为值班未能参加联欢的员工来吃饭。你的经费预算中是不是漏掉了第二天的费用？"

小林恍然大悟，在这里确实少算了第二天聚餐的费用。于是他只好再次修改预算表，让经理重新审批了一次。

思考：

1. 小林在编制经费预算时，导致他出错的原因是什么？
2. 经理为什么要询问与去年相比经费多少的问题？
3. 通过这个案例，你认为防止编制预算出现失误的方法有哪些？

会议在筹备阶段，应对会议所需要的经费进行准备，主要工作包括提出经费预算和筹措经费两个方面。

一、会议费用的预算

预算包括收入预算和费用预算两种类型，在一般会议中，主要指费用预算，也就是会议所要支出的资金。会议的经费预算可以由举办方的财务部门负责，也可以由会务机构提出。

1. 编制会议费用预算的主要依据

会议费用预算应以量入为出、经济合理为原则，其编制依据主要有以下几个方面：

一是以往同类会议的预算情况和会议评估报告。以往同类会议的经费支出会给以后的会议提供重要参考。

二是单位在会议方面的相关规定。如果单位在会议管理方面有比较健全的制度，那么应根据制度要求的标准合理编制费用支出。

三是单位领导对会议预算的要求。编制会议费用预算应听取单位领导的意见，如果领导有明确的费用要求，那么应在预算中得到体现。

2. 会议费用预算的主要项目

（1）交通费用

1）出发地至会务地的交通费用。包括航空、铁路、公路、客轮费用，以及目的地机场、车站、港口码头至住宿地的交通费用。

2）会议期间的交通费用。主要包括住宿地至会场的交通费用、会场到餐饮地点的交通费用、会场到商务交际场地的交通费用、商务考察交通费用以及其他参会人员可能使用的交通费用。

3）返程交通费用。包括航空、铁路、公路、客轮费用，以及住宿地至机场、车站、港口码头的交通费用。

（2）会议室费用

1）会议场地租赁费用。通常，会议场地的租赁已经包含某些常用设施，如音响系统、桌椅、白板或者黑板等，但一些非常规设施并不涵盖在内，如投影设备、临时性的装饰物、展架等，这些可能需要额外的预算。

2）会议设施租赁费用。此部分费用主要是租赁一些特殊设备，如投影仪、笔记本电脑、移动式同声翻译系统、会场展示系统、多媒体系统、摄录设备等，租赁时通常需要支付一定的使用保证金，租赁费用中包括设备的技术支持与维护费用。值得注意的是，在租赁时应对设备的各类功效参数做出具体要求。另外，这些会议设施由于品牌、产地及新旧不同，租赁的价格可能相差很大。

3）会场布置费用。如果没有特殊要求，通常此部分费用包含在会场租赁费用中。如有特殊要求，可与会议服务部门协商。

（3）住宿费用

住宿费是会议的主要开支之一。正常的住宿费除与宾馆（酒店）星级标准、房型等因素有关外，还与客房内开放的服务项目有关，如客房内的长途电话、迷你吧酒水、一次性换洗衣物、互联网、水果提供等服务。会议主办方应明确宾馆（酒店）开放的服务项目及范围。

（4）餐饮费用

会议的餐饮费用主要包括以下几个方面：

1）早餐。早餐通常是自助餐，也可以采取围桌就餐的方式，费用通常按人数计算。

2）午晚餐。午晚餐为正餐，可以采取按人数预算（自助餐形式）或按桌预算（围桌式形式）。

3）会场茶歇。此项费用基本是按人数预算的，预算时可提出不同时段茶歇的食物、饮料组合。承办者告知的茶歇价格通常包含服务人员的费用，如果主办方需要非程序服务，可能需要额外的预算。

4）联谊酒会（舞会）。联谊酒会（舞会）的预算可能比单独的宴会复杂，宴会只要设定好餐标与规模，预算很容易计算。但酒会（舞会）的预算涉及场地与节目，其预算可能需要比较长的时间确认。

（5）资料费用

资料费用包括制作会议各类文件资料、证件的费用和相应的文具费。

（6）人工费用

人工费用包括支付给与会人员和工作人员的补贴或报酬，如支付给报告人、演讲者、专家、临时借用人员的酬金等。与会人员和工作人员的工资一般不计算在内。

（7）视听设备费用

在室内举行的会议一般都会提供视听设备。如果有些会议对于视听设备有特殊要求或要在室外举行活动，则需要租用视听设备，其预算包括：

1）设备本身的租赁费用，通常按天计算。

2）设备的运输、安装调试及技术人员费用。

3）音源。主要是背景音乐及娱乐音乐选择，主办者可自带，也可委托代理。

(8)娱乐休闲费用

如果会议安排了参观游览、文娱晚会等休闲活动，还要预算参观游览的门票、演出或包场费用等。

(9)杂费

杂费指会议过程中一些临时性安排产生的费用，包括临时打印、临时运输及装卸、纪念品、模特与礼仪服务、临时道具、传真及其他通信、快递服务、临时翻译与向导、临时商务用车、汇兑服务等。杂费的预算很难计划，通常可以在会务费用预算中增列不可预见费用作为机动处理。

表 1–8 为常见会议经费预算表模板。

表 1–8　　会议经费预算表

会议名称：　　主办单位：　　举行日期：

收支分类	费用标准	金额
办公经费		
文件资料费		
设备和用品费		
场地租赁费		
通信费		
宣传费		
住宿补贴费		
伙食补贴费		
交通费		
劳务费		
其他		
合计		
上级拨款		
单位自筹		
会务费		
其他		
合计		

二、会议经费的筹措

会议筹备工作中应明确会议经费的来源。会议经费的来源包括外部和内部两类，外部来源主要有以下几种方式：参会者交费、联合主办者交费、社会赞助、社会捐助、服务收费；对于内部会议而言，会议经费的来源主要是本单位的拨款。当会议组织机构编制出会议费用预算后，将预算情况提交给主要领导审阅，领导批准预算后即可按照公司财务管理制度从财务部门领取相应的费用。

三、会议财务工作原则

会议财务工作十分重要，在工作中应遵循以下原则：

1. 遵守制度，严格手续

这是会议财务管理最基本的原则。会议经费要按照国家有关规定，收取会议费的数额要经过研究以及有关负责人的批准，收费要开具正式发票，支出要有正式收据，发放补贴、支取现金要填写现金领取单。此外，对购买物品的数量、金额要认真审核，避免款物不符。

2. 量入为出，收支平衡

要根据收入做好各项活动的支出预算，严格控制支出费用，做到收支平衡，避免入不敷出。可设立临时性账目表，待会议结束、结算清楚后，按有关财务管理的规定报账。

3. 精打细算，厉行节约

会议申报经费时要根据会议的内容、规格、会期、范围等对所有收入与支出逐项进行精心核算，避免浪费。

实训·练习

一、假如你所在的学校准备召开一次以“我的实习收获”为主题的座谈会，参加会议的有 10 名优秀实习生、50 名在校生、10 名教师和 5 名实习单位领导。会议的主要内容包括实习生经验介绍、实习单位领导讲话、在校生和实习生之间的问答互动等。请根据这一情况介绍，编制出会议的费用预算，并说明经费来源。

二、某公司将举办新产品订货会，与会客商约 400 人，会期 1 天。请根据这一情况介绍，编制出会议的费用预算，并说明经费来源。

三、某市企业家协会举办银行和企业的对接洽谈会，参会者 100 人，会期半天。请根据这一情况介绍，编制出会议的费用预算，并说明经费来源。

part

02

第二章 会中服务工作

学习目标

- 了解会中服务工作的主要内容
- 能够拟定大中型会议的接待方案并完成接待报到工作
- 能够完成会议餐饮与住宿的服务
- 能够完成会议的入场签到与引导服务
- 能够提供会议记录、信息反馈、编发简报等会中服务工作
- 能够提供会议期间的值班、安全保卫、观光游览等各种后勤服务
- 能够在会议结束时有序引导退场
- 能够清理会场

与筹备工作相比，会中服务工作更加繁杂和琐碎，而且有些事务很可能超出了原来的预计。这就要求会议工作人员团结协作，按照既定计划有条不紊地开展工作，同时能够灵活处理突发事件。

第一节　接待报到服务

马芳所在的公司要召开全国经销商大会，她负责到火车站迎接客人。按照会务组给她的接待表，将有三批客人在上午10点到11点之间分别乘坐三趟列车先后到达。马芳顺利接到了前两批客人，将大家引导到火车站停车场的中巴车上就座，然后和大家解释说："还有一批客人快要到站了，请大家再耐心等待一会儿，我们接到他们之后再一起去宾馆。"大家表示可以等一会儿。

可是过了预定到站时间已经有十几分钟了，这趟车还是没有到站。马芳打电话询问他们大约还需要多长时间才能到站，客人回答说不清楚。这时接近中午时分，天气非常炎热，在中巴车上等候的客人都提议先到宾馆。马芳只好让司机发车前往宾馆报到。

就在马芳离开后不久，第三批客人到站了。他们出站后没有发现接待的人员，于是打电话给马芳。此时的马芳陪同前两批客人正在前往宾馆的路上，刚到站的客人催她赶紧派车来接，而车上的客人催她先到宾馆然后再去接站。马芳一边接电话，一边听大家七嘴八舌地争执，不禁发起火儿来："这大热天儿的，我还不是为了大家，你们怎么就不能相互体谅一下？"

思考：

1. 接站时，如果客人分批到达，应如何合理安排接站人员？

2. 如果你是马芳，当面临有客人已经到达而另一批客人晚点这种情况时，应该如何处理？

3. 马芳在接站工作中存在哪些不足？

参会人员来到会议举办地点向会务组报到，标志着会议开始启动，会议组织者应对参会人员进行必要的接待。在会议组织与服务工作中，小型会议或内部会议不需要专门的接待，但是大中型会议，尤其是有大量外来人员参加的会议中，接待工作就显得极其重要了。

一、会议接待的基本概念

会议接待是指由会议组织者安排专门人员来迎接、送别并服务于参会人员的活动。

接待工作涉及以下几种要素：来访者、来访意图、接待者、接待任务、接待方式。在会议接待中，来访者主要是指参会人员，有时是未经邀请而参会的人员；来访意图非常明确，就是参加会议，完成会议的相关议程；接待者是会议主办方的专门人员，往往是会务组的工作人员或礼仪服务人员，如果来访者身份较高，接待者则往往是主办方的相关领导；会议接待任务是指在会议召开的整个过程中，保障参会人员顺利完成从报到到离会各个环节的活动，为其提供舒适、便捷、周到的服务；接待方式是指在会议接待工作中所采用的各种方式，如交通方式、送行方式等。

二、会议接待的基本礼仪

会议接待需要遵循基本的礼仪要求，接待人员应给参会人员留下热情礼貌的印象。

1. 迎接礼仪

接待来宾，要事先了解清楚客人的身份（包括职务、性别、年龄等）及其抵达时间。由于参会人员数量较多，组织者无法专门安排领导人迎接每位参会人员，所以可以安排一名专职负责人在车站迎接。如果某位参会人员身份特殊或级别较高，则应考虑由相应身份的领导亲自迎接。如果无法实现，则接待人员应向其作出解释。

接站时，接待人员应有礼貌地协助参会人员搬运行李。在去往会场的途中，向参会人员介绍会议的基本情况、当地的风土人情等信息。

2. 签到礼仪

接待人员应协助参会人员办理签到、住宿等手续。办理过程中应及时提醒对方注意易错或易失误的地方，对住宿的环境应进行必要的介绍，协助参会人员到房间入住。

3. 送别礼仪

当来宾所乘坐的交通工具开动时，送行人员要挥手致意。无论在车站、码头还是机场，送行人员要等来宾所乘坐的交通工具开动后方可离开。

三、接站服务

内部会议或小型会议一般不需要会议组织者到车站接待，参会人员可自行前往会议场所。在大中型会议中，参加者人数众多，而且往往还有许多人来自于其他地区，对会议地点比较陌生，在这种情况下，会议组织者应成立专门的接待组负责接站工作。

1. 拟定接站工作安排

为了做好接站工作，应专门拟定会议接站的工作安排，对人员分工、接站时间、车辆物品准备等工作做出详细布置，便于工作人员遵照执行。下面是一个参考例文。

大会接站工作安排

一、接站小组

组长：办公室主任 ×××

副组长：办公室副主任 ××

组员：秘书王杰、施林等 18 人

二、集中报到时间

10 月 27 日全天

三、接站计划

（一）火车站接站（办公室副主任负责）

1. 白天接站

时间：6：30—18：00

车辆安排：接站车辆 4 辆（要有接站牌和条幅）

接站人员：办公室副主任等 8 人（5 男、3 女）

2. 夜间接站

时间：18：00—24：00

车辆安排：接站车辆 2 辆（要有接站牌和条幅）

接站人员：秘书王杰等 6 人（4 男、2 女）

（二）机场接站（办公室主任负责）

1. 白天接站

时间：7：30—18：00

车辆安排：接站车辆 2 辆（要有接站牌和条幅）

接站人员：办公室主任等 4 人（3 男、1 女）

2. 夜间接站

时间：18：00—23：00

车辆安排：接站车辆 1 辆（要有接站牌和条幅）

接站人员：秘书施林等 2 人（2 男）

2. 接站工作注意事项

（1）要有统一的指挥调度系统

根据参会人员反馈的回执情况，统计出参会代表名单以及飞机、火车、轮船的班次及抵达的准确时间，将其编制成一目了然的表格。掌握参会代表的联络方式，拟定《会议代表接站安排表》（见表 2-1），注明代表姓名、性别、单位、职务、民族、联系方式、车次 / 航班、到达（出发）时间、随行人数、接站司机和车号、接站工作人员、接站领导、接站出发时间和地点。将表格提前发放到接站工作人员和接站领导手中，由接站工作人员负责联系。

表 2-1　　会议代表接站安排表

姓名	性别	单位	职务	民族	联系方式	车次 / 航班	出发时间	到达时间	随行人数	接站司机	接站车号	接站工作人员	接站领导	接站出发时间	接站出发地点

（2）安排足够的接站人员和车辆

根据参会人员数量、到站时间、往返周期等因素合理安排接站人员和车辆。接站人员和车辆一般以小组为单位，每个小组配备接站人员 1～2 名，司机 1 名，车辆 1 部。根据《会议代表接站安排表》确定的到站人数和时间，合理安排接站小组数量，多个小组之间轮流接站，前后衔接，防止出现“空当”。

（3）工具准备充分

在车站、码头、机场设置接待站，并制作醒目的接站牌或条幅，如图 2-1 所示。

图 2-1　接站牌

接待人员还应准备好以下物品：手提式扩音器、工作证、胸卡、常用电话号码表（应包含主要航空公司、出租车公司和会议有关方的电话号码）。

（4）注意礼仪礼节

接站人员应训练有素，对待参会人员自始至终态度谦和、彬彬有礼、服务到位，对参会人员咨询的问题要尽可能地给予明确、具体的回答。

四、报到服务

报到是指参会人员在到达会议所在地时所办理的登记注册手续。

1. 设立醒目的引导牌和标识牌

在报到处的周围设立醒目的引导牌和标识牌，标明报到的具体位置，如图 2–2 所示。

2. 发放文件材料

接待人员将预先准备好的文件袋（包括会议文件，会议材料，会场座次图，代表证、工作证、出席证等证件，餐券，文具等）发给报到人员，必要时引导参会代表去所住宿的房间并简要介绍周围的情况和开会的要求，如图 2–3 所示。

图 2–2　报到处

图 2–3　发放会议文件材料袋

向每位代表发放《会议指南》，主要内容包括：

（1）会议日程安排，包括会议代表自报到之日起到会议闭幕止每日上午、下午及晚上的具体安排。

（2）住房安排，包括会议代表单位、姓名、职务、房间号及电话，是女性代表、少数民族代表的需注明。

（3）会议分组名单，包括会议代表总人数、各小组人数、各小组组成单位及部门名称、小组成员名单、小组召集人、联络员、会场。

（4）会议秘书处的组成，包括会务小组成员名单、房间号及电话。

（5）会议注意事项、作息时间表等。

3. 随时统计报到人数

及时统计报到人员数量有助于准确了解和把握会议的整体进展，并为后续工作打下基础。接待报到的工作人员应随时统计报到人数以备领导查询。

4. 汇总报到情况

报到结束后，汇总有关情况向会议主办方领导报告，要特别注意代表变更情况和因故不能及时报到代表的情况。要及时催促有关单位按时报到，对于未按时报到的人员和单位要问明原因，并及时向会务组领导报告报到情况。

5. 引导与会代表报到的注意事项

（1）如有必要，应查验参会人员的有效证件。

（2）报到办理人员业务要熟练，缩短报到办理时间。

（3）报到办理人员的分配要合理，工作流程应明确。

实训·练习

一、某学院将于20××年10月23日和24日召开建校50周年庆典大会，邀请了省市级有关领导、各兄弟院校的领导、各赞助企业的领导、校友等，与会人员300人左右。请完成以下练习：

1. 列出本次接待所需要的物品清单。

2. 将接待方案做成PPT演示文档，相关信息可自行补充。

二、某公司定于20××年2月14日和15日在北京召开为期两天的新产品推广会，邀请了国内外十几家合作公司的管理人员、技术人员近百人参加。高秘书负责安排接站报到工作，但因春节后客流较大，她又缺乏经验，致使部分参会者没能找到接站处，费了很大周折才找到报到地点，因而损害了企业的形象。

思考：

1. 高秘书负责的接站工作有哪些不妥之处?

2. 如果你负责接站，你将如何做好这项工作?

三、某企业要召开经验交流大会，李秘书负责去火车站接站，在接到客人回单位的途中，李秘书向客人详细介绍了本地的旅游胜地和风土人情，并谈到了自己的家庭和收入情况，同时也询问客人这方面的情况。

思考：

李秘书从火车站接到客人后的言谈存在什么问题?

第二节　住宿与餐饮服务

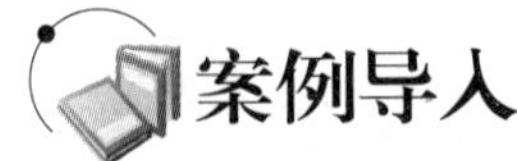

林鹏是某公司的一名秘书。今年公司准备举行一次客户联谊会，根据领导的意见，会议地点选在了该公司生产基地所在的县城，以便于参观、研讨，但其接待能力有限。会议通知下发后，报名参会的客户人数达到200多人，创下了历年之最。可由此也带来了问题，林鹏之前预订宾馆时，是按照往年120人左右与宾馆签订的协议，如今多了近100位参会人员，因正值旅游旺季，宾馆其他房间已经被预订，无法承接。

为了解决住宿的难题，林鹏向领导提了两个建议，要么改变开会的地点，要么推迟开会的时间。领导听了以后，都否定了。原因很简单，会议通知已经发出去了，如果再更改时间或地点，不仅有失严谨，损害企业形象，而且还会给组织工作带来许多麻烦。

林鹏只好又预订了两家宾馆，才勉强将多出来的100多人安排下来。等到报到的时候，参会人员才发现原来没有住在一起，而且有些客户办理完报到手续之后还要转移到另一家宾馆再办理住宿手续，这引起了许多参会人员的不满。

思考：

1. 在这个案例中，是什么原因导致住宿安排出现了困难？

2. 如果将参会人员分散安排到几家宾馆中，那么在分配宾馆时应注意哪些事项？

会议住宿与餐饮服务是会议组织过程中的重要工作，它将直接影响参会人员对会议的直观感受。因此，会议组织者应特别重视此项工作。

一、会议住宿服务

良好的住宿服务能够为参会人员提供舒适的休息条件，从而保证其具有充沛的精力参加会议。在会议筹备阶段，会务组应根据参会人员实际情况、具体要求和房间条件等多种因素综合考虑，统筹安排，提前编制出房间分配方案。

1. 会议住宿地点的选择

住宿的宾馆、饭店、招待所等地点与会场的距离应适中，如果条件允许应在同一家宾馆，这样可以节约时间和交通费用。

参会人员的住宿地点应集中，这样既便于组织者传达会议信息，也便于参会人员之间进行交流。

住宿的房间设施应满足参会人员的基本需求，保证使用安全，同时也可适当体现差异化的要求。一般而言，住宿房间的价格越高，设施和服务也就越完善。为了体现节约的原则，住宿标准不宜追求奢华，但对于会议的重点嘉宾应安排较为高档的房间。

如果需要经常组织大中型的会议，那么可以和不同档次的宾馆签订长期合作协议，这样即便是在旅游旺季也能够保证有充足的房间，同时价格也会相对优惠。

2. 安排住宿房间

在会议筹备阶段，组织者应通过回执、报名表等各种工具，掌握参会人员的姓名、性别、年龄、职务等信息，从而作为安排房间的依据。

（1）确定会议所需房间的数量和种类。统计各种参会人员的情况，同时将组织机构的工作人员计算在内，测算出所需房间的总数。然后进一步确定标准间、豪华间等不同类型房间的数量。同时，根据会议议程安排，预订会客厅、会议室等特殊用途的房间。在测算房间总数时，应保留必要的机动房间，以应对超出的到会人员。

（2）将参会人员的房间尽量集中安排，例如可以安排在同一楼层或相邻的两个楼层。

（3）为身份、职务相同的参会者安排同一标准的房间，如果本人提出特殊要求，在条件允许的情况下应当尽量满足。

（4）一般情况下，应将年长者、职务较高者、女性参会人员安排在向阳、通风和进出便利的房间。

（5）安排房间时应充分考虑参会人员的民族文化、生活习惯。例如，尽量不把有禁忌的少数民族参会者与其他参会人员安排在同一个房间。

（6）如果参会人员有随行人员，则应安排他们在同一房间或相邻的房间。

（7）多人住同一个房间时，尽量选择背景、专业相同或相近的参会人员住在一起。

二、会议餐饮服务

参会人员对会议期间用餐情况的满意度是衡量会议工作质量的重要尺度。因此，会议组织者对会议餐饮服务必须予以充分重视。

1. 会议餐饮服务的基本要求

会议餐饮服务的基本要求是：卫生安全、规格适中、营养美味、照顾特殊。

（1）卫生安全

卫生安全是对会议餐饮服务最重要的要求。餐饮的卫生安全状况直接决定着参会人员的身体健康，也影响着会议质量。会议组织者应对提供餐饮的宾馆、饭店进行充分的考察，对食品原料、加工环境、用餐环境等情况进行了解，必要时应事先进行检验检疫。

（2）规格适中

会议的餐饮服务标准应根据会议的规格确定，在满足基本需要的基础上本着节约的原则合理安排菜品、饮品的档次。

（3）营养美味

我国的饮食文化讲究色、香、味俱全，会议的餐饮服务也应体现这一理念。菜品应荤素搭配，制作考究，能够满足每天正常的营养需求，同时兼顾观赏性。

（4）照顾特殊

当参会人员众多时，人们的口味和饮食偏好会有很大的差异，另外，某些人还可能因为健康原因而忌食某类食物，还有人因为民族或宗教的原因而有饮食禁忌。因此，在会议餐饮服务中，会务组应事先了解情况，并做好充分准备，既满足多数人的口味需求，同时也照顾少数人的特殊情况。

2. 会议餐饮服务的基本形式

餐饮安排通常有三种形式，即自助餐、茶歇和围桌餐。

早餐一般为自助餐。自助餐一般可以发餐券控制（很多酒店对于自助餐的开设有就餐人数的最低要求），可以事先制定餐标及菜谱，严格区分正式代表与随行人员、家属，有特殊要求时可以和餐厅协商。

茶歇是在会议进行过程中的休息期间为参会人员提供的饮食服务。茶歇时一般供应咖啡、茶或其他饮料，食品可以根据情况灵活安排，一般要求简单易用。

围桌餐安排需要考虑的问题有：开餐时间、每桌人数、就餐凭证、同桌者安排、特殊饮食习惯者、酒水种类等。每张餐桌有餐桌号，便于分组后确认，一般中、晚餐按每桌 10 人安排。上菜速度要合理，不能过慢。

实训 · 练习

请选择当地几家三星级以上的宾馆，详细了解宾馆能够提供的会议用餐标准及菜品情况，并填入表 2-2 中。

表 2-2　　宾馆会议用餐标准调查表

宾馆名称：　　宾馆星级：

类别	用餐形式	主要菜品种类及数量	费用
早餐	□自助餐 □桌餐		
午餐	□自助餐 □桌餐		
晚餐	□自助餐 □桌餐		
合计	—	—	

第三节　入场服务

案例导入

林鹏负责组织的客户联谊会在该公司生产基地所在的县城召开了。由于参加人数超过预计，而当地的宾馆接待能力有限，所以参会人员分散在 3 家宾馆住宿。为了便于开会，林鹏选择了中间的那家宾馆作为会务组所在地，并且将会场也安排在这里。

但是，开会那天还是出现了一个问题，导致会议推迟半小时才开始。原来，会务组所在宾馆北侧的那家宾馆安排的参会人员较多。他们中有一些人是晚上到达入住的，对于开会所在宾馆的位置不熟悉。开会那天早晨，他们提前十分钟就出发了，本以为能够按时到达会场。但是走错了方向，离会场越来越远，等发现这一问题后，再折返回来找到会场时，已经超过了会议开始时间。

思考：

1. 在这个案例中，将会场安排在中间的宾馆是否妥当？为什么？

2. 导致参会人员入场时出现问题的原因是什么？

3. 请结合这一案例说明，在会议组织工作中应采取哪些措施避免参会人员迟到。

入场，即参会人员到达会议现场并进入会场，找到自己座位就座的过程。入场是会议开幕的“临界状态”，标志着会议即将正式开始。会议组织者在这一环节的主要任务是保证全体参会人员按时到达会场并顺利就座。在入场过程中，如果某些参会人员的身份比较特殊，那么还应为其提供特殊的引导服务。

一、入场工作简述

1. 入场工作的主要内容

入场工作主要包括签到服务和引导服务两个方面。

签到服务是指参会人员进入正式会场时向会议组织者表示入场的一种手续，会务组组织会议签到，可以及时准确地掌握到会人数，保证会议安全。

引导服务是指由会议工作人员将参会人员带领至其座位的服务，这项服务一方面可以表达主办方对参会人员的尊重之意，同时也能为身体不便者提供必要的帮助。

2. 入场时间的合理确定

参会人员入场一般要比会议预定的正式开始时间适当提前。不同会议的入场时间有所差异，小型会议或内部会议一般提前 5 ~ 10 分钟即可，大中型会议需要根据参会人员数量、住宿地点的距离合理确定。大中型会议的参会人员数量多，行动往往难以高度统一，这就需要一个集合的时间，因此所用的入场时间也较长。另外，如果住宿地点和会场是分开的，还应考虑前往会场在路上所花费的时间。

确定的入场时间可以在议程表中注明。

二、会场签到服务

常用的签到方式有以下几种。

1. 簿式签到

参会人员在会议记录簿或签到簿上签名。这种签到方法相对简单，仅仅是名录登记，适合小型会议。会议签到簿样式见表 2–3。

表 2–3　　会议签到簿

编号	姓名	性别	职务	民族	单位	通信地址	电话	电子邮箱	邮编

2. 签到证（卡）签到

参会人员进入会场时，将会前发给的写有自己姓名的签到证（卡）交给工作人员。这种签到方法适合人数较多的大中型会议，可以有效地避免因等候签到而产生拥挤的现象。

3. 电子签到

这种签到方法适合大型会议或展览。参会人员只需通过会议签到机区域，便可快速完成多人会议签到的操作。同时，电子签到有利于会议管理人员进行统计和查询，便于有效地掌握、管理参会人员出入和出席情况。电子签到机如图 2–4 所示。

图 2–4　电子签到机

如果采用电子签到的方式，就要求会议秘书处提前根据参会人员的信息，在会前制作好电子签到卡。这样，参会人员进入会场时，用磁卡插入（接触式）签到机，或靠近（非接触式）签到机，与此相连的计算机就会自动记录和显示参会人员的姓名、性别、年龄、单位、职务、代表性质、组别、代表证编号等信息。

4. 微信签到

由于微信用户群体庞大，现今很多会议采用微信签到的方式，不仅方便快捷，满足多人同时签到，还能减少办会人员的人力和时间成本。

使用微信签到，会务机构事先向第三方公司购买相应的服务，由其提供技术支持。会议开始前，将参会人员名单导入到签到系统中，生成签到二维码。将签到二维码打印并张贴在入口处、背景墙等场所，参会人员用手机微信扫描后，会出现签到页面，输入手机号码，填写相关信息即可签到。如果参会人员已经在名单内，直接确认即可。没有事先报名的临时到会人员，也可提交相关信息完成签到，便于收集参会人员信息。

使用微信签到，也可以在签到成功后，根据所提交的信息现场制发参会凭证。

三、会场引导服务

小型会议或内部会议由于参加人数少，会场情况简单，参加者之间彼此熟悉，所以一般不需要专门的引导服务，但如果有特别重要的人士初次到会，则应对其提供引导服务。大中型会议，由于会场区域比较大，参加人员多，即使已经提前安排了座次，也难免出现参会人员一时无法找到自己座位的情况，所以应提供必要的引导服务。

引导服务可由会议组织机构的工作人员提供，当参会人员数量较多时，也可聘请礼仪人员来完成引导服务。

服务人员应遵守基本的礼仪，带领参会人员到达座位应使用正确的引导方法和姿势。

请参会人员开始行走时，要面向对方，稍微欠身。在行进中，服务人员在参会人员两三步之前，参会人员走在内侧。双方并排行走时，服务人员应居于左侧。可以与对方交谈或进行介绍，并把头部、上身转向对方。需要指引路线时，服务人员要居于参会人员左前方 1 米左右的位置引领。引领时，服务人员行走的速度要以参会人员的速度为准，保持与对方协调一致的速度，不可以走得过快或过慢。

每当经过拐角、楼梯或道路坎坷、照明欠佳的地方时，服务人员需要以手势或语言提醒参会人员留意。

引导上楼时，应让参会人员走在前面，服务人员走在后面；若是下楼时，则是服务人员走在前面，参会人员走在后面。上下楼梯时，应注意参会人员的安全。

引导参会人员乘坐电梯时，服务人员先进入电梯，等参会人员进入后关闭电梯门。到达时，服务人员应让参会人员先走出电梯。

将参会人员引导到座位后，服务人员可以将座椅拉到适当位置，用手势指引参会人员就座。如有必要，可以在参会人员坐下后帮助其调整座椅，并协助其将携带的文件等物品整齐摆放在桌面上，然后鞠躬或点头致意后离开。

知识链接

签到和入场服务注意事项

1. 负责接待签到和入场引导的服务人员应训练有素，在会议召开之前经过模拟练习。

2. 服务人员应在参会人员入场之前提前到岗，如果有参会人员较早到达，可以先进行接待，避免让其产生无人过问的感觉。

3. 在参会人员较多的情况下，应有条不紊地进行签到和入场工作，保证会场秩序。

4. 在集合出发的过程中，服务人员应及时提醒参会人员携带开会所需物品，并强调清楚时间要求。

实训·练习

一、假如你所在班的全体学生要参加一次会议，请以宿舍为单位安排好座位区域，然后进行入场演练。演练结束后，请总结在入场过程中存在的问题，并说明应如何克服这些不足。

二、某会议的参会人员约有 300 人，住宿的宾馆距离会场有 15 分钟的车程，需要分乘 6 辆大型客车前往会场。请根据这一介绍完成以下练习。

1. 请说明入场的完整环节。

2. 假如会议开始的时间为上午 8：30，请计算说明入场各个环节的具体时刻和用时。

第四节　会场服务

案例导入

小华在毕业实习期间应聘到了某公司做秘书，她上班的第一天，正好赶上公司召开季度销售工作会议。经理对她说："你来做会议记录吧，只管听和写就可以了，这样你也能尽早了解一下公司的业务情况。没问题吧？"小华说："没问题！我在学校的时候学习过怎样写会议记录。”

会上，大家都踊跃发言，有几个人还因为分配的销售任务过大而差点儿发起火来。小华打开记录本，不紧不慢地写着。以下是她写的会议记录。

会议记录（20××.4.3）

记录人：李小华

参加人：公司的人以及下面各地市的人

主持人：经理

经理：今天我们开这个会，主要就是给大家布置一下今年第二季度的销售任务，另外总结通报一下去年年底到今年第一季度的销售情况。

下面先说第一个内容：

今年开始的销售

完成得怎么样

有的不行

销售员工资和提成

很关键

第二项

……

男 1：销售员抱怨工资低，现在什么都涨，底薪不涨，不好管，他们态度很差。

男 2：关键是大客户，公司支持不支持，都没办法，冬天空调不好卖。

女 1：先说我们的情况，再说我们的想法。目标有点儿高了。

……

会议结束后，经理要求看一看小华写的会议记录，小华将本子递给他。经理看了两眼，不禁笑了起来：“你就是这样做记录的呀？怎么没有几句整话呢？你的记录谁能看懂？”看到经理脸上的笑容，小华心里紧张得“咚咚”直跳：“他们说话都太快了，我跟不上。”经理又说：“你的问题只是跟不上大家的说话速度吗？”

思考：

1. 这篇会议记录存在哪些具体问题？
2. 在这个案例中，导致会议记录出现问题的原因是什么？
3. 在进行会议记录的过程中，如何防止出现案例中的问题？

会议正式开始后，秘书一般作为服务保障人员列席会议，因此本节重点讲解的是秘书在会议进行过程中于会场内提供的各种保障与服务，主要包括会议记录服务、会议信息服务以及会议饮水服务。

一、会议记录服务

会议记录是根据会议的主题、会议的议程、会议的重要讲话、会议的议题、讨论的事项、提出的意见和做出的决定，对会议的进展及发言所作记录的一种纪实性文书。

1. 会议记录的内容

会议记录的内容主要包括会议基本情况和会议内容两部分。

（1）会议基本情况

会议基本情况主要包括会议名称、时间、地点、主持人、出席人员、列席人员、缺席人员、记录人员等信息。

（2）会议内容

会议内容主要包括会议议题、会议发言内容、会议过程、会议讨论的结果等，重要的会议还应有会议主席签名、会议记录人员签名。

如果会议比较多，一般应设计制作专门的会议记录本，既便于记录使用，也有利于集中保管。

2. 会议记录的方法

（1）摘要记录法

摘要记录法是大多数会议常用的记录方法，这种记录法只言简意赅地记录会议的主要内容和会议发言的要点和精髓。

（2）详细记录法

详细记录法常用于重要会议，需全面、翔实地记录会议发言的内容、会议过程和会议讨论的结果，是会议原貌的真实再现。

（3）录音录像记录法

录音录像记录法是运用较先进的录音、录像设备记录会议发言的内容和会议过程，这种方法也能真实地再现会议的原貌。在开会之前，应准备好录音笔或摄像设备，会议结束后可以根据录音和录像进一步整理完善会议记录。

对会议记录而言，录音、录像通常只是手段，最终还要将录下的内容还原成文字。笔录也常常要借助录音、录像，以最大限度地再现会议的全部过程，这三种方式往往相辅相成。

3. 会议记录的写作要求

会议记录的写作要求主要有三个方面：一是速度快，二是真实无误，三是重点突出。快速是对会议记录的基本要求。真实无误要求记录内容应准确反映会议的真实情况，字迹要清楚工整，条理性强。会议记录应突出的重点有：会议中心议题，会议讨论、争论的焦点及其各方的主要见解，权威人士或代表人物的重要发言，会议开始时的定调性言论和结束前的总结性言论，会议已议决的或议而未决的事项。

编制会议记录首先要弄清会议的主题、内容，会议的时间、地点，会议出席人员、列席人员、缺席人员；其次要掌握好编制会议记录的方法，做到有条不紊；最后，秘书拟写会议记录后要和会议主持人共同签字，签字后的会议记录即已生效且不能更改。

下文是 ×× 公司的会议记录节选。

××公司会议记录专用纸

会议基本情况	
会议名称	20×× 年 ×× 商贸有限公司分公司经理经验交流座谈会
会议起止时间	20×× 年 10 月 28 日 9：00—10：30
会议地点	公司第一会议室
会议主持人（主席）	公司总经理　张峰
出席人员	公司总经理、副总经理，各部门经理、主任、副主任，全国各分公司经理、副经理等 30 人
列席人员	公司各部门员工代表 10 人
缺席人员	公司人事部经理、后勤副经理
会议记录人员	刘娜
会议内容	
会议议题	各分公司经理针对生产、销售、管理等问题进行经验交流
会议过程	张峰：首先感谢各位分公司经理多年来辛勤努力的工作。分公司经理是我们的中坚力量，今天座谈会的主题是针对总公司的管理、生产等话题开展交流座谈，希望大家畅所欲言，为公司的发展出谋划策，共同把我们的事业推向更加辉煌的明天。今天，我们讨论的议题主要有以下几个方面（后略） 吴刚（华东区域经理）：感谢总公司，感谢张总。我在咱们公司工作多年，为企业取得的成绩感到高兴。今天借这个机会，谈一谈对未来发展一些不成熟的想法，欢迎大家指正。第一，全国不同的分公司所面临的市场环境不同，例如华东地区和西部地区就不一样，在这种情况下，我们的业绩指标也不应该一刀切，应有所区分…… （后略）

续表

会议内容	
会议讨论的结果	1. 张峰总经理承诺，在下一年度将适当调整各分公司的业绩指标 2. 分公司经理同意缩短回款周期，由原来的3个半月缩短为2～3个月 3. 总公司人事部将进一步完善分公司经理岗位轮换的相关规定，稳定经理队伍 4. 进一步完善针对分公司经理的奖罚制度，加大年终考核奖励力度，适度拉开等级
会议主席签名	张峰
记录人签名	刘娜

这张会议记录表格简明扼要地记录了会议的基本情况，使人看后一目了然，便于人们准确地了解会议的有关信息。另外，较详细地记录了会议的进展情况、会议动态及讨论结果，能够帮助会议主办方领导和参会人员准确掌握会议有关信息，使会议达到预期的目的。

二、会议信息服务

1. 会议信息的类型

会议是制造信息的源泉，同时也是信息传播的平台。任何会议的召开过程，都伴随着密集的信息传播。信息的产生和传播在会议召开期间达到最大化。会议上的信息无疑具有极其重要的价值，在会议进行过程中，会务工作人员必须充分重视信息的收集和记录工作。

会议上的信息极其繁杂，根据信息的作用、信息的保密要求和信息的传播方式三个标准划分会议信息类型如下，见表2–4。

表2–4　　会议信息的类型

划分标准	类型	主要内容
会议信息的作用	参会人员信息	包括参会人员的基本情况信息、背景信息和抵离信息
	会议指导性、宣传性信息	对制定会议的目标和议题及开好会议具有指导意义的信息，传达会议情况、宣传会议精神、扩大会议影响力的信息
	会议议题性信息	需要列入会议议程、进行讨论并解决的问题的文件信息
	会议主题内容信息	在会议期间围绕会议目标和任务形成的文件信息，包括开幕词、闭幕词、讲话稿、代表发言材料、经验介绍材料、专题报告、会议总结报告等
	会议记录性、结果性信息	在会议过程中记载会议情况和进程的文件信息，经过谈判、协商、审议、表决、签署而形成的会议文件等

续表

划分标准	类型	主要内容
会议信息的作用	会议程序性信息	为规范会议成员的行为、保障会议活动有序进行而形成的文件信息，如议事规则、议程与日程表、会议时间安排表、选举程序及表决程序安排表等
	会议交流性信息	主要形成于总结性、交流性、研讨性的会议，包括事迹报告、经验介绍、学术讨论等
	会议参考性信息	围绕会议议题和议程所收集的背景性、资料性文件信息，包括下级单位、群众、社会的舆论围绕即将召开会议所形成的意见、建议、要求以及动向，国内外同行的经验和教训，帮助说明和阐述会议文件的有关资料等，如调查报告、可行性分析报告、统计报表、技术图纸或图表、典型材料、有关参考文书等
	会议管理性信息	对会议活动进行有效管理的文件信息，包括会议通知、会议须知、出席证件、信息安排表及保密规定、会议主席团名单、委员会名单、参会人员名单、票证、签到簿文件、清退表等
会议信息的保密要求	保密性会议信息	内容涉及商业秘密、暂时不宜公开的文件信息，一旦泄露，会给有关企业、组织的利益造成一定程度的损害。要采取一定的保密措施，控制或限定使用范围，确保安全
	内部性会议信息	内容涉及会议的主办单位和与会单位内部的事项，或者涉及正在酝酿而尚未决定的事项，暂时不宜对外公开，只能在会议内部传达、阅读和使用的文件信息
	公开性会议信息	不涉及任何商务活动和组织内部事项，无须采取保密措施的文件信息，如在会议上通过的决定、决议、规章等
会议信息的传播方式	会议讲话信息	由参会者以个人、集体的名义或代表一定的组织在会议上进行口头宣读的信息，如开幕词、闭幕词、祝贺词、欢迎词、工作报告、发言稿等
	会议书面信息	只以书面形式交流、不作口头发言的信息。有些会议因时间有限，参会者可以用书面形式代替口头发言
	会议声像信息	将讲话事先制成录音或录像，然后在会议上播放的信息

2. 会议信息服务的主要内容

会议信息服务的主要内容包括收集会议信息、整理会议信息和反馈会议信息。

（1）收集会议信息

会议信息收集是会议信息利用的基础，其目的是深入会议活动、了解会议情况、掌握会议动态，齐全、及时、准确，是会议信息收集的基本要求。

凡是在会议活动中形成和使用的有参考价值的文字、图像、声音以及其他各种形式的信息记录都属于收集范围，包括会前、会中和会后产生的所有文件材料。

会议信息收集的主要渠道包括：向全体参会人员收集文件；向会议的领导人、召集人和发言人收集文件；向有关的工作人员收集文件，如会议记录人员、文书起草人员；收集各种会议记录，如主席团会议记录、主持人会议记录、分组会议记录以及代表的提案、发言稿和书面建议等。

（2）整理会议信息

收集而来的会议信息需要经过整理才能使用。整理会议信息的工作内容包括信息分类、信息筛选和信息校核。

1）首先要根据信息某些特征的异同而对其进行分类。可以按照字母分类法、地区分类法、主题分类法、数字分类法、时间分类法等多种方法来进行。每一种方法都有各自的优势和不足，对于会议信息而言，多采用主题分类法和时间分类法。主题分类法是按照信息内容的主题和标题进行分类，时间分类法是按照信息形成时间的先后顺序分类。

2）筛选信息是对信息的再次选择，目的是去伪存真、去粗存精，摒弃虚假和无效信息，保留真实和有价值的信息。信息的筛选可以通过以下几种途径：审查来源、分析标题、研读正文、根据需求决定取舍。

3）信息校核是对保留的信息进行再次审查，以便进一步确认其真实性。由于信息来源、传播渠道中容易受到各种主客观因素的干扰，存在失真的可能性，为了保证信息真实无误，需要进一步校核。校核信息常用的方法有溯源法、核对法、比较法、逻辑法、调查法、数理统计法等。校核的内容包括事实、观点、数字、图表、符号、时间、地点、人物等。

（3）反馈会议信息

会议组织者通过各种有效的方式和方法，将收集、处理、存储的会议信息资源提供给利用者。会议组织者要围绕会议中心任务，充分开发和利用信息，主动服务，提高会议工作水平。

会议的信息反馈要注意点面结合、正负反馈结合，不仅要看到成就，更要收集会议未能有效解决的问题和议而未决的事项。会议组织者要充分重视会议的反馈信息沟通，正负反馈都要力求做到适时、适量、适度。

会议信息的反馈方式

1. 口头反馈。口头反馈包括两类：一是团队反馈，即一个人向大家提意见，反馈情况；二是一对一反馈，即一个人给另一个人反馈。

2. 书面反馈。书面反馈比较正式，反馈的内容有据可查。

3. 会议反馈。会议反馈就是通过反馈会、传达会、座谈会的方式，将会议信息反馈给参加者。

反馈会议信息应注意时机。在会议工作进展顺利时反馈，有利于鼓舞士气，营造良好的氛围，也可通过负反馈信息，帮助组织者保持清醒的头脑；在会议工作出现问题时反馈，可以帮助人们及时发现问题和解决问题；在会议工作处于停滞时反馈，有助寻找会议工作下一阶段的突破口，发现会议组织过程中存在的隐患，及时制定预防措施。

反馈会议信息应注意两种方式的结合。正面指导反馈是积极的反馈，是一种正面的强化指导，即一般意义上的表扬；建设性反馈是一种劝告指导，即一般意义上的批评，要注意表达方式和方法，既要达到反馈的目的，又不能伤害对方的自尊。

三、会议饮水服务

会议如果进行时间比较长，在会场内应提供饮水服务。

1. 会议提供饮水服务的类型

会议提供的饮水服务主要有三种类型。

（1）提供瓶装水

为每名参会人员发放一瓶饮用水。有的是在参会人员入场时发放，有的是在布置会场时提前摆放在桌面上。这种方式的优点是比较方便，但是无法提供热水。

（2）设置饮水点

在会场内摆放若干饮水机或开水桶，并提供水杯，由参会人员根据需要自行取水。这种方式的优点是能够提供热水，满足了泡茶等特殊需求，但是人员在场内走动容易干扰会场秩序。

（3）为参会者续添热水

服务人员利用暖水瓶在场内流动为参会人员续水。这种方式的优点是能为参会人员提供周到的服务，使其获得宾至如归的良好体验，但是需要的服务人员数量较大，人力成本较高。

这三种方式各有优缺点，应根据会议情况灵活采用。一般情况下，小型会议可以不提供饮水服务，或者采用第二种方式。大中型会议则应根据需求将这三种方式结合起来，对于普通参会人员采用第一种和第二种方式，对于主席台就座的参会人员可以采用第三种方式。

2. 饮水服务的要求与礼仪

开会前应及时准备好充足的开水并放好茶叶，如果能掌握准确的开会时间可以提前几分钟倒好茶水，如果开会时间无法确定，则要等参会人员到场再倒水，并将杯子放在容易被拿到的地方，杯子把手朝向参会人员。

一般在会议进行 15～20 分钟后就要开始为参会人员续水。要随时观察会场用水情况，遇到天热时就要随时加倒。在倒水时要小声提醒参会人员，防止其突然站立或有其他身体动作而碰倒水杯。

倒水应先从领导开始，依次进行。服务人员站在参会人员右后侧或右侧进行操作，壶嘴不要对人，但是在主席台上一定要从背后倒水。倒水时要注意不可挡住参会人员视线，可以根据会场情况从其他角度倒水。

如不小心把水洒在桌上或茶几上，要及时擦去。在往高杯倒水、续水时，如果不便或没有把握一并将杯子和杯盖拿在左手上，可把杯盖翻放在桌上或茶几上，只是端起高杯来倒水，然后把杯盖扣上。倒过水后，要逐杯加以检查。检查时，可触摸一下杯子的外壁，如果是热的，表明已倒过水；如果是凉的，说明漏倒水了，要及时补倒。

续水的十个“不”

1. 不可瓶口距离杯口过高，以免热水溅出杯外。
2. 不可直接往桌上的杯中倒水，而应端起水杯。
3. 不可把杯盖扣放在桌面或茶几上，这样既不卫生，也不礼貌。
4. 不可从他人肩部或头上越过。
5. 不可用手指触碰茶杯边沿。
6. 不可在倒水、放杯、扣盖时发出声响。
7. 不可没有语言提示，应小声说：“您好，为您添水。”
8. 不可倒得太满以致溢出，七八分满为宜。
9. 不可长时间中断续水。
10. 不可失手掉落水杯、水壶。

实训·练习

一、请重新撰写“案例引入”中的会议记录，相关内容可以自行补充，要求格式规范、内容完整。

二、假如你所在的学校要召开运动会，请具体说明围绕这次运动会应收集哪些信息？收集这些信息的渠道是什么？

三、分组演练会议续水服务。要求每组 5 名同学扮演参会人员，1 名同学扮演服务人员。演练结束后进行互相评议，指出操作过程中存在的不足，并重新模拟练习。

第五节　会议简报服务

案例导入

某物业公司管理着 5 个社区，这些社区距离较远，为了加强社区与物业中心之间的沟通和联系，公司每次召开例会后都会将会议情况编成简报发给各个物业中心。小杜是公司综合中心的宣传主管，主要的工作任务之一就是编发办公例会的简报。

一天，B 社区物业中心的主管找到小杜，对他说：“最近几期简报上，怎么都是其他社区物业负责人的工作汇报而没有我的呀？在例会上我也发言了呀，为什么不写进简报中呢？”

小杜连忙声辩说：“我都是根据会议记录编发的简报，会议记录上没有写出来你的发言，所以我没有写到简报中。”原来，例会的会议记录一般都是由经理秘书编写，不知道什么原因最近几份会议记录都没有 B 社区物业主管的发言内容。

思考：

1. 工作例会的简报是否一定要详细清楚地写明每一个人的发言内容？为什么？

2. 本案例中，小杜只是根据会议记录来编发会议简报，这种做法是否可取？为什么？

3. 假如你是本案例中的小杜，为了避免引起误解，在编发简报时应采取哪些措施？

大中型会议举行期间，或常规例会之后，为了使参会人员或有关部门及时了解会议的开展情况，往往需要编发会议简报。负责人员应了解简报的基础知识，尤其是掌握简报的格式要求，根据会议进程确定简报的期数和主要内容。简报编印完成后，要及时、准确地将简报发放到相关人员手中。

一、会议简报及其作用

会议简报是指在会议期间为反映会议进程和动态而编发的一种简报，报道会议动态、进程和主要成果，具有一定的新闻性质，也被称为会议信息。会议简报要反映会议的主要议程、与会人员的发言、会议讨论的热点问题、领导的讲话或报告内容、决定的重要事项等，是了解会议情况、掌握会议动态的重要渠道。

会议简报既便于上级领导了解会议进行情况，及时指导工作，推动会议深入开展，也便于参会人员相互沟通与联系，并交流经验，还有助于会后查找相关会议资料并及时归档。另外，会议简报常常报道大型会议分组活动的信息，转载各组与会者在分组会上发表的重要意见，能够有效促进会议内部的交流与沟通。

二、会议简报的结构

会议简报具有特定的结构样式，同时其内容围绕会议情况进行报道，具有特定的编写方法。会议简报由报头、报文和报尾三部分构成。

1. 报头

报头是简报的特殊标志，一般位于首页上方约三分之一版面的位置，用间隔线与报文部分隔开。其主要内容包括：

（1）简报名称

简报名称用较大字号的印刷体文字居中标注，一般由会议名称和文种构成，如“×× 公司 ×××× 会议简报”。

（2）简报期数

简报期数标注于简报名称的正下方，按期序编号，连续编印的简报还可以在期数下面编注总期数。

（3）编印单位

编印单位标注于简报期数下方、间隔线上方左侧顶格位置，一般是会议秘书处或会议主办、承办单位。

（4）编印日期

编印日期标注于简报期数下方、间隔线上方右侧顶格位置，书写完整的年、月、日。

除上述必备的要素外，还可以根据实际需要在报头的左上方位置标注密级、编号等内容，编号也可以标注在报头的右上方位置。

2. 报文

报文是简报所刊登的文章，在与报头相区别的分隔线之下。其主要内容包括：

（1）按语

按语是编者对简报内容所作的提示或评论，以引导读者理解所编发的文章，在报头的分隔线之下顶格标明“按语”“编者按”等字样。转发式的会议简报常加按语。

（2）标题

标题即简报正文的题目，写在按语下面居中的位置；如果没有按语，则写在报头分隔线以下的居中位置。简报的标题与新闻的标题类似，要求确切、醒目、简短、有吸引力，言简意赅，点明主旨。

（3）正文

正文即会议简报所反映的主要内容，在标题之下书写。

（4）署名

署名一般写在正文的右下方，用圆括号括入。署名既可以是供稿部门的名称，也可以是采写者的姓名。如果是转发文章，一般要注明“摘自××××”等字样。

3. 报尾

报尾一般在最后一页三分之一版面的下方，用分隔线与报文部分隔开。其主要内容包括：

（1）发送范围

在报尾分隔线下方左侧标注简报的发送范围，一般以“报”“送”“发”的形式酌情标注。

（2）印发份数

在发送范围的右下方标注印发份数，并用圆括号括入。印发份数与发送范围之间可以用分隔线分隔。

三、会议简报的写作要求

编发会议简报首先应充分收集信息，如会议记录、参会代表发言稿等，为会议简报的编写提供第一手的材料。收集会议信息之后，应严格筛选材料，既确保报道内容符合事情发生的真实状况，又要选择反映会议主要内容的典型材料。

编写会议简报要注意做到快、短、新、准。快，即速度要快，一般是当天讨论的情况，当天就要印发到参会人员手上；短，即文字简短，言简意赅，通常不超过千字；新，会议简报的内容要紧紧围绕会议的新情况、新问题、新经验，反映参会代表们的新认识、新意见和新建议；准，即内容要准确，反映情况一定要准确无误，反映的观点材料，必须忠实于参会人员讲话的原意，一些关键的词句，最好是参会人员发言的原话。

四、编发会议简报的工作流程

编发会议简报是会议期间的一个专项工作，需要根据编发要求持续进行一段时间。即使所编发的会议简报期数较少，甚至只有一期，也应按照特定的工作流程来完成这一工作。

1. 确定简报的编发期数、时间与主要内容

在会议正式开幕之前，应指定专人负责编发简报工作，一般由秘书组或文书组承担这一任务。编发人员应根据确定的会议日程，事先对会议简报编发期数、时间与主要内容做出大致的安排，见表 2–5。

表 2–5　会议简报编发安排表

期数	编发时间	主要内容
第 1 期	10 月 27 日晚	会议筹备和报到情况
第 2 期	10 月 28 日晚	第 1 天日程开展情况（大会情况、分组讨论情况等信息）
第 3 期	10 月 29 日晚	第 2 天日程开展情况（参观、媒体见面会、参会人员感想等）
第 4 期	10 月 30 日晚	闭幕词、领导讲话、散会情况、会后总结等

2. 采编简报文章

简报文章的来源主要有两个：一是选择会议现成的文件，如开幕词（闭幕词）；二是编制人员亲自采访写作相关报道，如会议开幕消息、参观活动消息等。

知识链接

编写会议简报的方法和技巧

编写会议简报，在内容上主要包括以下几个方面：一是会议的概况，二是会议研讨的问题，三是典型发言的摘要，四是会议的反响。

在编写思路上，可以采用综合式、新闻式和摘要式三种形式来组织成文。

综合式。紧扣会议中心，主次分明，抓住典型的观点、建议和意见，提炼概括。通过对参会人员讲话的内容进行综合概括、整合分析，最后归纳成几个问题来编写。

新闻式。先将会议简报要反映的会议内容用几句话概括成一段导语，然后逐步从不同侧面报道会议讨论的内容。一般可按并列的顺序或重要程度依次递减的顺序排列。

摘要式。将参会人员的讲话内容摘录要点后整理成简报，既可一期摘录发布一个人的发言，也可同时摘录发布几个人的发言。

3. 编辑简报

根据简报的格式规范，将相关文章编辑在一期简报中，完成后的样式如图 2-5 所示。

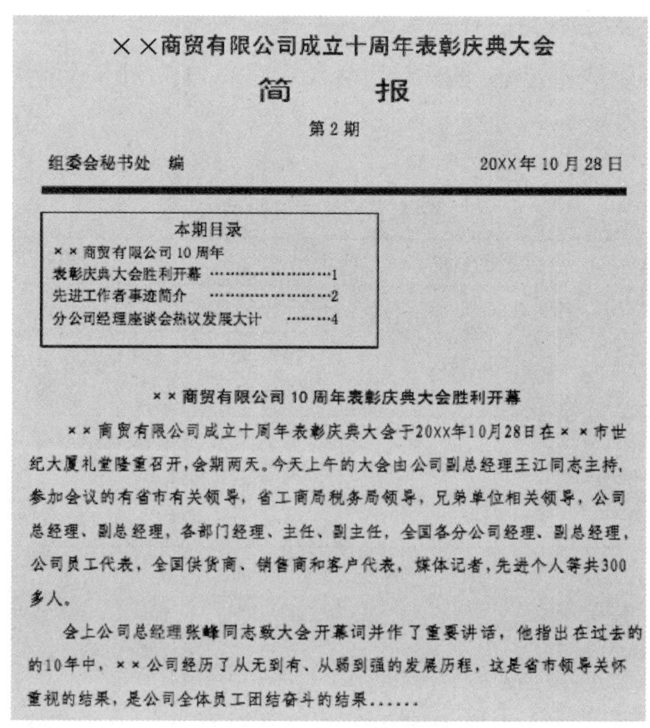

××商贸有限公司成立十周年表彰庆典大会

简　　报

第 2 期

组委会秘书处　编　　　　20XX 年 10 月 28 日

本期目录

××商贸有限公司 10 周年
表彰庆典大会胜利开幕……………………1
先进工作者事迹简介……………………2
分公司经理座谈会热议发展大计…………4

××商贸有限公司 10 周年表彰庆典大会胜利开幕

××商贸有限公司成立十周年表彰庆典大会于20XX年10月28日在××市世纪大厦礼堂隆重召开，会期两天。今天上午的大会由公司副总经理王江同志主持，参加会议的有省市有关领导，省工商局税务局领导，兄弟单位相关领导，公司总经理、副总经理，各部门经理、主任、副主任，全国各分公司经理、副总经理，公司员工代表，全国供货商、销售商和客户代表，媒体记者，先进个人等共300多人。

会上公司总经理张峰同志致大会开幕词并作了重要讲话，他指出在过去的的10年中，××公司经历了从无到有、从弱到强的发展历程，这是省市领导关怀重视的结果，是公司全体员工团结奋斗的结果......

图 2-5　会议简报

4. 发放简报

简报完成编辑、印刷、装订等一系列环节后，应及时向参会人员发放。发放时可人手一份；如果参会人员较多，也可以根据会议分组情况，每组若干份；也可以按照住宿情况，每个房间一份。发放时应注意不能漏发、重发，可以使用发放登记表（见表 2-6）对发放情况进行统计。

表 2-6 会议简报发放登记表

简报期数	房间号	发放份数	接收签字
第 2 期	601	1	蔡志强
……	……	……	……

实训 · 练习

一、下文是某班召开的一次班会简报，请指出其中存在的问题，并进行修改。修改完成后，将正文内容制作成规范格式的简报样式。

放飞我的理想

××班班会简报

缓缓的曲调，优美的音乐，伴着《我的未来不是梦》，我们拉开了××班主题班会的序幕，这次班会的主题为——我的理想。

理想是灯塔，指引人生前进的方向，照亮人生前进的路程。罗伯宁曾在《索尔》中说过“人之所以伟大不在于他们在做什么，而在于他们想做什么”，由这几句开场我们进入下一个环节——《理想》诗朗诵，优雅的诗句，优美的旋律，引来同学们的阵阵掌声。每个人都有理想，而理想究竟是什么呢？大家集思广益，探索理想的定义，原来，理想是对未来的向往和憧憬。

同学们以宿舍为单位，说出了自己内心的愿望。许多人想通过自己的努力拉近现实与理想的距离，并在毕业后找到属于自己的那份工作，做个成功的人，让父母依靠我们来生活，让父母不再这么辛苦；还有的同学提到人要务实，踏踏实实走好大学生活的每一步和人生的每一步；有的同学说人要懂得奉献，要有爱心，给予那些社会贫困群体以帮助，比如去那些贫穷的地方支教等。同学们这些话语深深地打动着每一个人，并触动了每个人的心。大多数同学提到工作，但给大家印象最深的是还有一些同学想去创业，创业，一个多么艰辛的历程啊！

为了调节气氛，同学们在描述自己理想的过程中，加入了许多的小插曲。大家纷纷走上台展示自己的才华，有跳舞、唱歌、朗诵、吹葫芦丝，还有武术。

在班会的尾声，学姐给我们讲述了她的经验——大学是为以后的生活奠定基础，并告诉我们：既然说出了自己的理想，就要为之践行！

最后班主任做了总结，告诉我们要踏实做好每一件事，过好每一分钟，善待每一个人，并朝着自己的目标去努力；她还告诉我们理想有多大，承受压力的能力就有多大，有理想就要有承担理想的能力。

班主任的话，我们铭记，为了理想，奋力拼搏，千里之行，始于足下，让我们现在就开始行动吧！

二、完成上一个练习之后，进行简报发放。要求按照班级宿舍发放简报，并进行登记。

第六节　会议闭幕服务

案例导入

某大学学生会邀请了一位著名作家举行一场报告会。报告会现场座无虚席，就连通道和出入口都挤满了人。作家妙语连珠，现场的学生也听得津津有味。在主持人宣布报告会结束后，大家依然热情不减，坐在前几排的学生一拥而上，将作家围在讲台中央，要求签名、合影。

活动组织者见状，派出了几名身材高大的保安人员冲进人群之中，连推带搡地将学生挤到两侧去，把作家“解救”了出来。在混乱的拥挤中，讲台上摆放的白板被推倒了，钢铁支架正好砸到了一位女生的额头。组织者赶紧拨打了急救电话，将该女生送到医院，幸好伤势不重，没有造成严重后果。

思考：

1. 在本案例中，报告会结束环节，组织者为了“解救”作家而强行推搡围观的学生，这一做法是否妥当？为什么？

2. 从组织者角度来看，造成女生受伤的主要原因是什么？应如何避免此类事故？

3. 当具有明星身份的嘉宾参加会议时，在结束环节应注意哪些事项？

会议完成预定的各项议程后即将闭幕，但这并不意味着会议组织与服务工作也随之结束。在会议结束或闭幕这一阶段，现场的服务人员需要引导参会人员有序退场，待退场完毕后再开始对会场进行清理工作。

一、会议退场工作

小型会议参加人员数量较少，在退场时一般无须进行引导。大中型会议结束时，众多的参会人员在短时间内都需要离开会场，容易发生拥堵现象，因此需要做好引导工作，使全体人员能够顺利地撤出会场。

会议结束时，一般先安排在主席台就座的人员退场，或者主要领导、嘉宾等人员退场后，其他参会人员再退场。在这个过程中，会场服务人员应协助组织不同身份的人员有序退场。对于首先退场的人员，应给予引导，将其引导至休息区或会场之外的乘车地点。在引导退场的过程中，应注意必要的礼仪规范，与入场引导礼仪基本相同。

待主要领导或嘉宾退场后，其他参会人员可以依次退场。退场时，应按座位顺序有序地向最近的出口缓行或顺着人流行进。在这一过程中，会场服务人员应在通道、转弯以及出口等处就位，并以手势和语言向参会人员提示行进路线和方向。当出现人员拥堵迹象时，必须及时疏导，防止发生拥挤、推搡、踩踏事件。

退场时，工作人员应及时提醒参会人员携带好自己的随身物品，禁止将文件、纸张随手丢弃；还应保持会场内桌椅等设施的整齐，不得大幅度地搬动桌椅，不得随意移动会场内的设施与设备。

二、会场清理工作

1. 会场清理工作基本要求

会场清理工作的目的是使会场重新恢复到有序状态，为进行下一次会议做好必要的准备，同时也能帮助检查参会人员是否有遗漏物品。

（1）文件和物品应收尽收

由于会议所使用的物品、文件以及设施、设备数量较多，极易造成丢失或损坏，所以首先应保证这些用品完整回收，防止出现遗漏、丢失或损坏等现象。

（2）恢复如初

会场内悬挂的会标、条幅，在会议结束后应拆除，使会场恢复到会议之前的状态。

（3）不留死角

工作人员在会议结束之后，应认真检查会场的各个部位是否存在异常现象，及时发现并排除安全隐患。如发现问题，应及时上报并采取相应措施。

2. 会场清理工作的主要内容

当参会人员退场基本结束后，现场工作人员即可进行会场清理工作，主要内容见表 2–7。

表 2–7　　会场清理工作主要内容

会议类别	工作内容	工作方法
内部会议	文件清理	收集会议相关的文件材料，回收需要保密的文件，整理会议记录，归档保存会议文件
	用品清理	回收姓名台签，检查并关闭会议室的各种设备，清洗水杯、茶具等物品
	环境维护	整理桌椅，打扫会议室卫生
外部会议	文件清理	收集会议相关的文件材料，回收需要保密的文件，整理会议记录，归档保存会议文件
	用品清理	检查会场是否有遗漏的物品，清理座位卡、台签等物品，归还会议所借物品，拆除会议条幅、标识等物品
	环境维护	摘除会议指示标识，拆除气模、旗帜等设施，关闭会场所用设备，清理鲜花等装饰物品，办理租借场地的归还手续

（1）文件清退工作

文件清退是指将会议中所使用的各种文件进行清理和退还的工作，避免文件遗失或泄密。小型会议和大中型会议在会议结束后，进行文件清退工作的具体方法有所不同。

小型内部会议在主持人宣布结束时，要求参会人员将文件放在桌面上，由秘书统一收集。也可以由秘书在会议室门口收集，散会退场的人员将文件交还给秘书。对于那些已经领取文件而未能到会的个别人员，秘书应单独向其收集所持有的文件。

大中型会议在清退文件时，应提前拟定并发出文件清退目录，先由参会人员各自进行文件整理，再统一交还给大会秘书处。对于会议工作人员，应采取下发收集目录的方法，限时交退。

文件清退的注意要点

1. 文件清退首先要统一制发清退文件的目录，分清需要清退的文件和不需要清退的文件。

2. 清退文件的要求应面向所有参会人员，不能只要求部分参会人员退回文件，以免造成误会。

（2）清点回收会议物品

根据会议筹备期间所准备的会议物品清单，列出在会场需回收的物品清单，然后根据清单一一清点所有物品，将收回的数量准确登记，对于缺少的应注明原因。表 2–8 就是一个回收物品清单的示例。

表 2–8　　会议回收物品清单

名称	发放数量	收回数量	缺少原因	负责人签名
音响设备	1	1		
照明设备	1	1		
音像光盘	10	10		
笔记本电脑	2	2		
照相机	2	2		
鲜花（束）	20	15	自然损坏	
鲜花（盆）	100	100		
气球	200	120	自然损坏	
充气拱门	1	1		
升空气球	50	20	被风刮走	
条幅	10	10		
彩带	20	20		
名签	50	49	丢失	
代表证	50	47	部分代表未归还	
胸卡	100	91	部分代表未归还	

（3）清理会场设备

在会议结束后，应按照使用要求和操作方法将会场上使用的各种设备关闭，需要装箱保管的设备，应将其小心拆卸并放入专用包装箱内。在清理各种设备时，必须根据设备清单逐一清点数量，防止出现遗漏。

需要特别指出的是，投影仪的拆卸和装箱应符合设备的保管要求。投影仪在使用期间会产生大量的热，需要风扇散热。使用结束关闭投影仪电源后，一定要等风扇停转后再切断电源，这一点对保护投影仪特别重要。如果不严格遵守这个操作步骤，关机后立即拔掉电源，就会导致投影仪内部无法散热而缩短使用寿命，甚至会使内部昂贵的灯泡受损。

如果有租赁的设备，在清理完毕后应及时归还出租方。所有需要归还的设备列出清单（参见表 2–9），注明归还去向且有办理人员的签字。

表 2–9　设备归还登记表

名称	借用时间	归还时间	归还状态	出租方	租金	接收人签字	归还人签字

（4）整理并移交会场

拆除主席台上的会议名称条幅和会议标识，拆除会场内悬挂的标语条幅，将会场内的桌椅归位并检查会场的各种设备，没有问题即可与会场出租方办理移交手续。

实训·练习

一、全班同学分组扮演出席会议的领导、参会人员和会场服务人员，模拟会议闭幕时退场的过程。要求退场完成后，进行评议，指出其中的不足并重新演练改正。

二、请根据上一节“编发会议简报”中图 2–5 所提示的信息，列出此次会议需要清退的文件目录列表、物品设备列表。

三、某市企业家协会举办了为期两天的“××市企业家协会 20××年年会”。此次会议邀请了当地一大批知名企业的老总和国内知名大学的经济学教授到场发表演说。会议在亚太大酒店 6 楼大会议厅举行，会议所需要的各种音响、投影设备是酒店自有的，会议需要的其他办公用品是自备的。此次会议引起各大媒体的关注，会议举办得非常成功。会后秘书小朱需完成会场清理工作。小朱应做好哪些会场善后工作？请列出善后工作清单。

第七节　会议后勤服务

某公司正在召开新产品鉴定会，会务秘书小刘负责值班。当会议进行了1小时后，进来一位女士，声称有急事要找一位鉴定专家。小刘看她衣着不凡，又说出了专家的名字，便让她自己到会场去找。这时，一位同事匆匆跑来说会场的一个电源插口没有电，让小刘马上联系一下电工师傅。小刘说："今天是周六，我也找不到他啊！"于是让同事自己想办法。又过了一会儿，小刘的朋友来电话约她去吃午饭。她看时间马上就到中午12点了，估计鉴定会也差不多该结束了，于是便离开公司吃饭去了。

思考：

1. 在这个案例中，值班秘书小刘在工作中存在哪些问题？
2. 如果你是值班秘书，应该怎么做？

会议期间的后勤服务工作虽然与会议的主题及议程没有直接的关系，但是对于保障会议顺利进行、增进参会人员之间的联系发挥着重要作用。会议后勤工作主要包括值班工作、安全保卫工作、医疗卫生服务工作、车辆服务工作、突发事件处理工作等。

一、会议值班工作

1. 会议值班的主要内容和要求

会议值班指从参会人员报到当日开始到参会人员全部离会期间实行24小时值班，及时联系并解决各种可能出现的问题。

值班工作的主要内容包括以下几方面：电话、通知和传真的转达，来访接待，重要紧急事项的报告，突发性事务的处理，信息传递，安全保卫，领导临时交办的事项等。

值班是一项原则性强的工作，其基本要求如下：坚守岗位，不得擅自离岗；要善于随机应变，不要手忙脚乱；要言行谨慎，不得有损企业形象；要请示汇报，不可越俎代庖；要规范高效，不得推诿扯皮。

2. 填写会议值班安排表及各种记录表

会议值班是根据会议工作的需要，在不同的时间段安排不同的人进行同样的工作，这就要编排一个值班表，注明值班人员和值班时间及联系方式等信息。会议值班还需要使用其他类型的各种记录表，主要有值班日志、来访接待登记表、电话记录表、交接班记录表等。

编制值班表之前，秘书应认真了解会议的详细日程安排、会务组的人员数量及其分工，合理设定值班时间。会议值班表的样式见表 2–10。

表 2–10　　会议值班表

时间	值班人	所属部门	联系方式	带班领导	联系方式
10 月 27 日 8：00—14：00	杨子航	秘书组	××××××	李伟	××××××××
	王杰	秘书组	××××××	李伟	××××××××
10 月 27 日 14：00—20：00	高峰	秘书组	××××××	李伟	××××××××
	刘娜	秘书组	××××××	李伟	××××××××
10 月 27 日 20：00 至 10 月 28 日 8：00	吴芳	宣传组	××××××	李伟	××××××××
……	……	……	……	……	……

值班日志的内容主要是值班期间所遇到或处理的特殊情况。值班日志的样式见表 2–11。

表 2–11　　值班日志

<table>
<tr><td>时间</td><td>20××.10.27
8：00—14：00</td><td>值班领导</td><td>李伟</td><td>值班人员</td><td>杨子航</td></tr>
<tr><td>值班概况</td><td colspan="5">1. 上午 11：30 购买矿泉水 1 包，价格 15 元，由杨子航垫付。
2. 中午 12：30 电子签到机出现故障，紧急联系服务商上门维修，13：00 故障解决。
值班人签字：杨子航</td></tr>
<tr><td>备注</td><td colspan="5"></td></tr>
</table>

会议值班期间，往往会有人员前来联系各种事务。值班秘书应迅速判断来客的意图，及时对来客做出处理，既要使正常事务顺利开展，又要防止无关人员干扰会议。来访接待表的样式见表 2–12。

表 2–12　　　　外来人员来访接待登记表

来访人员姓名	单位	来访时间	来访事由	访问对象	联系方式	处理结果	值班人签字
刘佳	不详	10：20	找人	司机马海		帮助联系。在大厅等候马海，后被马海接走	杨子航
不详	不详	11：05	推销	李经理		未告知其李经理联系方式，稍后离开	杨子航
……	……	……	……	……	……	……	……

会议值班期间会接到很多电话，并不是每一次通话都需要记录，而应选择重要的电话进行记录，记录情况见表 2–13。

表 2–13　　　　值班电话记录表

来电时间	来电人员姓名	来电单位	来电内容	联系方式	处理结果	值班人签字
13：15	马天阳	西南分公司	马经理称：由于天气原因航班取消，无法参加开幕式和座谈会	×××× ××××	将该情况告知李伟副经理，由其上报并调整相关活动安排	杨子航
……	……	……	……	……	……	……

做好交接班工作有助于保持工作的连续性。填写交接班记录表，使工作情况有据可查，具体样式见表 2–14。

表 2–14　　　　交接班记录表

<table>
<tr><td>接班时间</td><td>8：00</td><td rowspan="2">值班人员</td><td rowspan="2">杨子航</td><td rowspan="2">交接内容</td><td rowspan="2">1. 值班日志交接
2. 值班室钥匙交接
3. 电子签到机技术服务人员驻留，告知高峰认真接待</td></tr>
<tr><td>交班时间</td><td>14：00</td></tr>
<tr><td>接班时间</td><td>14：00</td><td rowspan="2">值班人员</td><td rowspan="2">高峰</td><td rowspan="2">交接内容</td><td rowspan="2"></td></tr>
<tr><td>交班时间</td><td></td></tr>
</table>

会议值班“八要”

1. 要协助收集有关情况、文件和资料，传递各种信息。

2. 要加强对会议无关人员出入会场的控制，特别是像新产品鉴定会等保密性较强的会议更不能让外人随意进出。

3. 要有公司和各部门的联络方式，以便出了问题及时与之联络、请示。

4. 要备有一份设备维修人员、车队调度人员和食宿等后勤服务部门主管人员的电话通讯录。

5. 要坚守岗位、人不离岗，保证会议信息传递的畅通无阻。

6. 必要时，要负责督导和协助专职会议服务人员为参会者做好各项具体的服务。

7. 要做好各项活动与各种矛盾的协调工作。

8. 要建立主管领导带班制度。

二、会议安全保卫工作

1. 会议安全保卫工作的基本要求

（1）会议安全保卫人员应熟悉国家和地方的法律、法规。

（2）会议安全保卫人员能够防范火灾（包括在消防人员赶到前如何组织扑灭小型火灾），熟知会场的紧急疏散示意图，了解如何在大规模恐慌中维持秩序，并及时向领导汇报事故情况。

（3）会议安全保卫工作不仅要面向参会人员，同时也应包括会议的重要文件、设备、物品、会场、驻地、设施、车辆等，防止与会议有关的财产或展品被盗。

（4）会议安全保卫人员要坚守岗位。

2. 会议安全保卫工作的工作要点

（1）配置安全保卫人员与设备。为了实现安全保卫，除了配备保安人员外，还应采取一系列保安措施，包括配备电子锁，备有良好照明设施的停车场和公共区域，在展览厅安装高科技警报和监视系统等。

（2）严格进行会议安全保卫工作的检查。包括确保会场内所有设备线路的正常运转及操作规范的安全可靠；确保会场内消防设施（监控器的探头等）处于运行状态；检查进出会场人员的身份，禁止与会议无关的人员进出会场。

（3）高度重视会议嘉宾的安全保卫工作。会议的安全保卫工作首先应保障会议嘉宾的人身安全和财产安全。在会议嘉宾到达前，应注意会议前期的准备和检查是否已到位，无关人员是否已清离现场，嘉宾进入会场的通道是否安全畅通等。在会议进行阶段，应防止会场出现火灾等突发事件，加强会议设备的安全检查，保安人员须对可能进入会场的身份不明的人员保持高度警惕。

知识链接

涉密会议安全保卫工作的重点提示

1. 涉密会议未经批准，不得随意拍照、录像、录音。

2. 涉密文件不得随意复印、拍照。

3. 不在会内会外谈论会议秘密。

4. 出席涉密会议，不得携带手机等通信工具。

5. 如果必要，应在会议召开前检测会场内是否有窃听装置，或者在会场内安装无线电屏蔽器。

6. 与会人员应佩戴并出示证件方可进出会场。

7. 会场内的消防器材应完备，消防通道应畅通。

8. 会场内外不得容许闲杂人员逗留。

三、会议医疗卫生服务工作

1. 根据会议需要设立医务室

如果参加会议的人员数量多，尤其是当其中有为数较多的年长者时，有必要设立临时医务室。医务室的医务人员应具备特定的资质，数量 1～2 人即可。医务室应备有日常所需的应急药品，如治疗高血压、心脏病、感冒、外伤等疾病的药品。如果会议地点附近有医院，也可将其指定为定点医院，与院方合作。

2. 检查饮食，保证安全

在大中型会议中，组织者应抽调专门人员，提前做好饮食卫生检查工作，必要时可采取抽样检查和全部检查的方法，进行严格化验，防止发生食物中毒。在夏季，尤其要注意食品原材料的新鲜程度。还应检查餐具、茶具是否洗净、消毒，饮用水是否煮沸，被褥是否洁净。

四、会议车辆服务

在大中型会议中，车辆服务是必不可少的后勤保障，必须合理安排才能保障会议顺利圆满进行。

大型会议参会人员数量多，还有可能分不同地点住宿，这就需要安排车辆来运送人员。会议车辆服务是做好会议交通的重要保证，安排车辆应根据会期、人数、参会人员身份差异等多种因素综合考虑，做到既满足需要，又简朴节约。

1. 合理确定车辆类型和数量

要根据会议规模和议程安排车辆的类型和数量。对于身份不同的参会人员，在安排车辆时也可适当有所区别，例如接送贵宾可以安排档次较高的小轿车，接送普通参会人员可以安排中巴车。

2. 根据会议需要征调车辆

会议用车的来源主要是主办单位自有车辆，如果需求较大，可以通过租赁的方式征调。租赁车辆应面向具有资质的租车公司、旅游公司，在租车之前应调查掌握租赁公司的资质、信誉、服务质量、价格以及车况等信息。

3. 建立会议车辆管理制度

会议期间的用车需求比较特殊，用车时段集中，对车辆的安全性和准点运行的要求极高。为了满足这些需求，应建立比较完善的会议车辆管理制度，主要内容包括车辆调度、车辆使用、车辆安全和驾驶员管理等。

五、突发事件的处理

会中突发事件的处理是会议中期重要的工作，会议工作人员能否果断、正确地处理突发事件，直接影响到会议组织者的整体形象，对整个会场的秩序和会议的效果也会产生重要的影响。所以，组织会议的秘书必须重视会中突发事件的处理工作。

1. 会议突发事件的类型和预防应对措施

突发事件的类型、预防和应对措施见表 2–15。

表 2–15　　会议应急方案的内容和应对措施

突发事件类型	突发情况	预防和应对措施
人员问题	发言人、参加者或关键代表缺席或无法按时到会，致使会议无法按时开始，或者造成参会人数不足，从而影响会议的规模、财务收支和公共关系	发言人不能按时到会，可以考虑替代，甚至临时修改会议议程；可临时额外给每位发言人 10 分钟自由提问时间，以弥补发言人的缺席

续表

突发事件类型	突发情况	预防和应对措施
健康与安全问题	突发火灾、地震等危险事件，安全通道和消防通道不畅通，参会人员患有严重的或传染性疾病，由于天气等原因导致参会人员休克、突发心脏病、脑溢血等危重病情，参会人员出现食物中毒等	要加强会前的检查，必要时要组织应对突发性的火灾、地震等各种灾害的演习。要派专门人员负责把守安全通道，有条件的单位应充分利用会场的监控摄像系统，以便随时掌握会场的方方面面和各种突发情况。此外，各种大中型会议事先应安排医护人员在会场应急，同时还要加强会议的值班工作
行为问题	发言人行为不当或某些参会人员行为不当等	审核发言人以往的情况，并在发言前加强与其沟通与交流，必要时请某些行为不当者暂时离开会场
设备问题	会场的扩音设备、灯光、投影仪或录音录像设备等缺少或出现故障	加强会前检查与调试，备有紧急维修师的姓名、电话和地址，还应详细了解本地可以租借或购买相应设备公司的名称、电话和具体地址
场地问题	制冷、取暖设备或通风系统出现故障。有时会议场所会因某种原因不可使用	备有紧急维修师的姓名、电话和地址，并及时与之联系。如果会议场所因某种原因不可使用，就需要临时找附近的大礼堂、电影院、剧院和报告厅等
资料问题	参会人员超出既定人数，或是由于会议资料印刷质量欠佳可能造成会议资料不足的问题。有时由于各种原因，可能致使会议资料无法按时送到会议地点	秘书要随身带一份会议活动安排及会议需要使用文件的原稿，以便在会场附近随时复印。若会议资料无法按时送到会场，秘书应及时通知并催促相应的工作人员
应急人员	对可能出现的问题缺乏预见，未能安排相应的人员和物资，造成问题扩大	会前和会中提醒应急组织和人员随时做好工作准备，并备有其联系方式
车辆短缺	在接送站以及会场转场时，车辆短缺造成参会人员长时间等待，影响会议进程	加强会前检查，备有足够的应急车辆，提醒司机随时做好准备，并备有其联系方式
指挥混乱	会议的组织协调出现问题，会议流程衔接不当，会议信息无法及时进行传递	会前进行适当的突发事件演练和模拟，检验会议指挥沟通系统的灵敏性

2. 处置突发事件的基本原则

如果在会议召开期间发生突发事件，应注意做到以下两点：

（1）及时报告

突发事件发生之后，会场有关的工作人员要马上将事件发生的时间、地点、经过、危害程度等情况及时向单位的领导报告，涉及某些部门的事件先向其部门领导报告，然后再向单位的主管领导汇报。

（2）提前采取应急处置措施

必要时应拨打救护、消防等单位的电话，迅速组织人员急救，组织保护现场，积极抢险救灾。

实训·练习

一、某企业办公室王秘书负责会议期间的值班工作，下午5点接到一个紧急电话。电话内容是：本单位的一辆面包车与外单位的一辆大卡车相撞，面包车的司机及车内五人重伤，车损严重，不能开动，特请求单位急速处理。

秘书做好了电话记录，想到了四种处理办法：一是等到第二天上班时，向领导汇报后，再按领导指示办；二是立即向主管领导汇报，请领导亲自到现场处理；三是自己立即到现场去做紧急处理；四是用电话方式联系有关部门，然后再向领导汇报。

这几种方法中哪一种是最优的选择？具体应怎么做？应注意哪些方面？

二、某企业正在召开由各部门经理参加的内部会议，营销部经理在谈到本部门上半年的销售业绩时因过于激动，用力一挥手，刚续上茶水的茶杯被打翻了，开水全泼到了旁边生产部门经理的手上。假如你是在场的秘书，你该如何处理这起突发事件？

三、某企业在20××年11月23日和24日召开全国知名企业家经验交流大会，邀请了全国知名企业家代表共计200人左右参会。请根据这一情况介绍，完成以下练习：

1. 如何做好会议期间的值班工作？请将方案做成PPT演示文档。

2. 在会议召开以及组织参观期间，应如何安排车辆？

part

03

第三章 | 会后收尾工作

学习目标

- 了解会后工作的主要内容
- 掌握送别参会人员的方法与要求
- 掌握会议费用的结算方法，能够开具规范的发票
- 掌握会议文件的收集、整理与归档的方法与要求
- 掌握会议决定事项传达的方式
- 理解编发会议纪要的工作流程，掌握会议纪要的撰写要求
- 掌握会议催办的方法和要求，能够选择适当的方式进行催办
- 掌握会议评估的方法，能够进行会议评估

会议结束并不意味着全部组织工作的结束，仍有收尾工作要进行处理。在这个阶段，工作的主要内容包括：参会人员的送别、会议文件的收集与归档、会议纪要的编制、会议评估与总结等。

第一节　参会人员的送别

案例导入

某公司召开了为期2天的全国经销商会议。在开会之前，会务组逐一和计划到会的客商进行了联系，登记了他们对返程票的需求，详细记录了需要乘坐的车次、时间以及数量。由于参加会议的经销商人数比较多，所以会务组专门安排了3个人来负责返程票预订服务。

会议报到时，有客商就要求会务组发放返程票。但是由于报到的人数比较多，而且时间很集中，会务组工作人员忙不过来，于是就告诉大家等到会议结束后统一发放返程票，并且一再向客商保证票都订好了，不用担心。

会议结束后，外省客商找到会务组要取回返程票。大多数客商都顺利拿到了票，但是距离很遥远的某省3名客商却被告知没有订到他们所需要乘坐的那趟火车。会议工作人员解释说："去订的时候，那趟车已经没有票了，只能买第二天的。当时想和你们商量一下看能否晚一天回去，但是后来忙起来就忘了。"客商心里很不高兴："没什么可商量的，那就晚一天吧。"于是工作人员连忙去订票，谁知第二天的票也已经售完了，只好给客人打电话告知这一情况。客商非常生气："那就订第三天的票吧，但是这两天的住宿你们得负责，房费由你们承担。"工作人员请示领导之后，同意了客商的要求，重新为客商安排了两个房间。这样一来，不仅会务支出比原计划增加了1 000多元，而且还让客商非常不满意。

思考：

1. 在这个案例中，什么原因导致客商返程时间一拖再拖？
2. 为参会人员预订的返程票，在什么时间转交给对方比较合适？
3. 当参会人员不能按时离开时，会务组应提供哪些服务？

会议结束后，组织者提供的服务包括为参会人员提供票务服务、送站服务、费用结算服务，如果有个别人员暂时不离开还应提供必要的安置服务。

一、做好送别准备工作

在会议进行期间，组织者就应提前做好送别参会人员的准备工作，这样才能有充足的时间有条不紊地开展工作，不至于等到会议结束时急匆匆地进行，忙中出错。

1. 返程票务准备

会议组织者可提前做好参会者车票、机票或船票的登记工作。在进行票务登记预售过程中，应根据会期长短、外地参会人员人数等情况，及早安排返程事宜。

组织者应事先了解参会人员对时间安排、交通工具的要求，尊重他们的意愿。一般情况下，要按先远后近的次序安排返程票的预订事宜，要掌握交通工具的航班、车次等情况，尽早与民航、铁路、公路、港口等部门沟通联系，提前预订好返程票。

返程票购买回来以后，组织者应当选择适当的时间将票发给参会人员，并收回票款。发放车票的时间一般选在两个时刻，一是参会人员报到时，二是会议期间。报到时就拿到车票，参会人员可以有较充足的时间进行检查，一旦发现问题可以及时补票。如果会期比较长，并且在报到时需要办理的手续比较烦琐，也可以在会议进行过程中抽出时间发放车票。

2. 送站安排准备

为了使送站工作有序、安全地进行，应像接站工作那样做好送站工作计划。需要编制参会人员离开的时间表，根据时间表合理安排送站车辆和人员。

3. 协助参会人员做好返程准备

会议组织者应提醒参会人员及时归还向主办方或会议驻地单位借用的各种物品。提醒参会人员及时到会务组结算各种账目，开好发票或收据。帮助参会人员检查、清退房间，避免遗忘各种物品。另外，组织者还应准备一些塑料袋或绳子，以备有需要的参会人员用来装东西或捆扎物品。如果参会人员有大件物品不便随身携带，组织者还应帮助其办理行李托运手续。同时协助宾馆（酒店）办理参会人员的退房手续。

二、结算会议费用

会议费用结算的时间一般安排在会议结束后、返程之前，这时参会人员尚未离开，同时也不会再产生新的费用，为结算带来便利。结算会议费用主要包括两方面的内容，即收款结算和付款结算。

1. 收款结算

收款结算，即向参会人员收取费用并为其出具发票。在某些类型的会议中，参会人员需要支付一些费用，一般包括会务费、资料费、住宿费、参观费、路费等。这些支出项目有的需要由会议组织方来为其结算。

会议收费注意事项

1. 应在会议通知中详细注明收费的标准和方法。

2. 应注明参会人员可采用的支付方式（如现金、支票、信用卡、支付宝、微信等）。

3. 如使用银行卡收费，应问清姓名、卡号、有效期等。

为参会人员结算费用的一个重要环节就是开具发票。发票是报销的凭证，参会人员可以凭借发票向所在单位报销有关费用，会议组织者应为其开具正式发票。开具发票时应注意，工作人员事先要与财务部门确定正确的收费开票程序，不能出任何差错。另外，如果有些项目无法开具正式发票时，应开收据或证明。

开具会议住宿发票时，需要向宾馆（酒店）索取盖有印章的正式发票。这项工作也可以由宾馆（酒店）负责完成。住宿费用一般不包括房间的长途电话费、客房小酒吧消费的费用。会议组织者如果所收取的会务费不包括这些额外的开支，又不希望这些开销带来不必要的麻烦，可以事先要求宾馆（酒店）撤掉这些服务项目或与参会人员事先说明。

发票开具还应注意，必须按照规定的时限和顺序，逐栏、全部联次一次性如实开具，并加盖单位财务印章和发票专用章。不符合规定的发票不得作为财务报销凭证，单位和个人有权拒收。

2. 付款结算

付款结算，即向某些特定的参会人员（如演讲嘉宾）和会议服务提供商、设备租赁商支付费用。付款结算的项目以及方法见表 3–1。

表 3–1　　会议付款结算项目与方法

付款项目	费用标准	付款方法与时间
演讲者劳务费	事先商定费用	在会议演讲结束之后支付给演讲者
餐费	事先商定费用	预订时交订金，会议之后由供应商按支出的金额开具发票——支票结账

续表

付款项目	费用标准	付款方法与时间
会场租赁费	事先商定费用	预订时交订金，会议之后由供应商按支出的金额开具发票——支票结账
文具和打印费	会议之前申请和安排	零用现金偿付，文具订购事先付款和开发票
音响辅助设备费	会议之前确定租用费用	会议之后结账和开具发票
其他	事先确定费用	收到账单批准后用支票付款，会议之后开具账单

无论是收款结算还是付款结算，各项经费的名称都要规范。在结算过程中，务必遵守公司零用现金、消费价格以及用品报销的各项财务制度和规定。

三、安排人员送站

与报到时不同，会议结束后人员离会往往比较集中，在短时间内需要大量车辆送站，因此会议组织者应提前安排足够的车辆和人员为参会人员服务。如果会场距离机场、车站较远，为了满足需要可以安排大型客车集中运送。送站之前，会议工作人员可根据所预订车票的情况合理分配车辆和运力，保证参会人员能及时到达机场或车站，以免延误行程。

四、安顿暂留人员

由于各种原因，有部分人员在会议结束后暂时不能离开，需要会议组织者继续做好服务工作，妥善安排他们的住宿、饮食和出行。暂留人员中还有一部分是会议工作人员，由于进行善后工作而需要继续驻留，应合理安排费用，尽快完成全部工作。

一、在为参会人员预订返程票时，应注意哪些事项?

二、小李去某市参加电子产品交流会。按照会议通知要求，他交了 1 000 元的会务费，组织方开具了发票。可是当他回到单位报销费用时，财务处工作人员告知他发票无效，原因是发票上没有加盖公章。小李几经周折联系到了会议组织者，对方十分肯定地说他们出具的是正规发票，不可能没有公章。小李只好将这份没有公章的发票快递给了对方，在证据面前组织者只好重新开具了一份规范的发票。思考并回答下面两个问题：

1. 在这个案例中，会议发票没有加盖公章的原因可能有哪些？

2. 会议组织者开具会务费发票时，应该使用哪种类型的发票？

第二节　会议文件的收集与归档

某物业公司准备在年底举行一场新年联欢会，公司综合部已经拟定了联欢会的相关方案，并列出了经费预算表。在公司的例会上，经理让参会的各部门以及各社区物业管理中心负责人讨论一下联欢会的方案和费用预算。由于参加会议的人员比较多，秘书刘军就将文件复印了多份供大家参阅。

会上，大家就方案提出了许多修改建议，并且相应地将费用预算也进行了修改。散会后，这些文件没有及时收回，而是被开会的人员带回了各自的部门。公司的许多员工看到这份方案草稿后，以为联欢会就要按照文件中写明的方式举行，引起了不小的误会。

原来在方案草稿中，没有考虑到联欢会当天值班的员工，他们因为工作关系不能到场，既享受不到美食，也无法参与抽奖活动。有员工将这一问题直接反映给了公司领导。面对大家的不满，公司领导不得不反复向大家解释说明最新的方案。

思考：

1. 在这个案例中，联欢会方案草稿是否为涉密文件？为什么？如果不是涉密文件，为什么还需要在会后收回？

2. 如果在会后要收回讨论过的方案草稿，应注意哪些方面？

会议召开之前和召开过程中都会产生各种文件，会后应及时收集和清理这些文件，并对有价值的文件整理归档。

一、会议文件的收集

1. 会议文件收集的要求

一是收集范围要明确。要确定会议文件资料整理收集的范围。会前分发的保密文件要按会议文件资料的清退目录和发文登记簿逐人、逐件、逐项检查核对，以消除保密文件清退的死角。

二是收集要及时。整理会议文件资料要及时，确保文件资料在参会人员离会前全部收集齐全。

三是严格登记。与分发文件资料一样，收集会议文件也要履行严格的登记手续。认真检查文件资料是否存在缺件、缺页、缺损的情况，及时采取措施补救毁损的文件资料。

四是注意保密。收集文件的一个重要目的是保证信息安全，因此在收集过程中应注意保密工作，不能将涉密文件随意存放，或者交给无关人员阅读保管，以免给工作造成不必要的损失。

2. 会议文件收集的范围

会议产生的文件数量较多，一般而言收集的文件越多越好，但这样会增加不必要的工作量。为了使这项工作高效地开展，应事先明确收集的范围。会议文件收集的范围主要包括：

会前筹备期间产生的文件，包括指导文件、审议表决性文件、宣传交流性文件、参考说明性文件、会务管理性文件。

会议召开期间产生的文件，如大会报告、会议决议、议案、提案、会议记录、会议简报等。

会议结束后产生的文件，如会议新闻报道、会议总结、会议纪要等。

确定了收集范围之后，为了使工作顺利进行，不漏掉重要文件，还需要列出比较详细的文件目录，见表3-2。

会议文件的“收、存、带、销”

会议过程中形成的大量文件在会议结束时要认真清理。清理办法是“收、存、带、销”。所谓“收”，就是对机密以上等级的会议文件，要一份不少地收回；所谓“存”，就是对今后工作有查考价值的会议文件，要及时汇编成册，立卷存档；所谓“带”，就是对有些需要参会人员带回各单位传达学习的文件，要办理登记手续，让参会人员带回；所谓“销”，就是对多余的会议文件，要按照有关的规定予以销毁，确保会议文件安全。

表 3-2　　会议文件收集目录

序号	标题	产生阶段	数量	备注
1	关于召开十周年表彰庆典大会的请示	会前	1	
2	关于同意召开表彰庆典大会的批复	会前	1	
3	会议方案	会前	1	
4	会议参加者名单	会前	1	
5	受表彰人员名单	会前	1	
6	受表彰人员先进事迹简介	会前	1	
7	会议通知	会前	1	
8	会议应急预案	会前	2	
9	会议通讯录	会前	1	
10	会议值班安排表	会前	1	
11	参观活动方案	会前	2	
12	总经理在开幕式上的讲话	会中	1	
13	会议记录	会中	3	
14	分公司经理在座谈会上的发言	会中	5	
……	……	……	……	

二、会议文件的立卷归档

收集回来的会议文件是散乱的，需要经过进一步的整理，将有保存价值的文件组合成为案卷，并办理相关手续后形成档案予以保存。会议文件的立卷归档，就是在会议结束后依据会议文件的内在联系加以整理，分门别类地组成一个或一套案卷，归入档案。这是将现行会议文件转化为档案的重要步骤，也是档案工作的基础。

1. 会议文件立卷归档的意义

会议文件具有史料性特点，记载了党政机关、企事业单位的规律活动，在此后的工作实践中可能需要经常找出来作对照、参考，因此具有查考作用。为了便于管理和查找档案，要求会议文件先立卷而后进入档案保管。会议文件立卷归档的重要性体现在以下几个方面：保持会议文件之间的历史联系，便于查找利用；保持历史的真实面貌，反映工作的客观进程；保护会议文件的完整与安全，便于保存和保管；为档案工作奠定基础。

2. 会议文件立卷归档的范围

在众多会议文件中，绝大多数需要留作查考，但其中也有少数没有查考价值的，这就需要明确会议文件立卷保存的范围，做到既不遗漏，又不重复庞杂。会议文件的立卷归档要严格遵守档案制度，要把会议过程中的一整套文件资料进行分类归档。

（1）须立卷归档的会议文件

会议文件立卷归档的范围包括以下方面：

1）会议所形成的全部正式文件资料，如决定、决议、指示、计划、报告、开幕词、闭幕词等及其复印稿。

2）会议的出席、列席、分组名单。

3）会议的议程、日程和程序。

4）会议的书面通知、来往重要电报、电话记录等。

5）会议的会议记录、发言稿、简报、快报、纪要及其复印稿。

6）领导在会议上的报告、讲话、谈话及其复印稿。

7）会议的选举材料。

8）会议有关的图表、照片、音频、视频资料等。

9）会议的证件。

10）会议的记事表。

11）会议的总结。

12）参会人员名单、联系方式，签到表。

13）其他有关资料。

（2）不须立卷归档的会议文件

以下几种会议文件不须立卷归档，可以进行简单的整理、登记，按照文件销毁手续销毁：

1）一式多份的会议文件资料，只需保留一两份，其他多余份数不必保存。

2）事务性、临时性、没有查考价值的文件资料，如召开一般业务性会议的临时通知等。

3）未成文的草稿和一般性文件的历次修改稿，文件资料起草人构思撰写过程中起草的未成文、未经审批的提纲、素材、底稿等。

4）内容被其他文件包括的文件资料。

3. 会议文件立卷的方法

会议立卷工作的基本原则是“一会一案”，即以会议为单位立卷，按照会议文件资料的自然形成规律，保持文件之间的历史联系，反映党政机关、企事业单位工作活动的特点和真实面貌，便于保管和利用。会议文件立卷按照以下方法进行操作：

（1）编制案卷类目

在正常情况下，会议立卷工作应依据事先编制好的案卷类目来进行。案卷类目是每年年初在实际文件尚未产生之前，根据单位性质、职权范围、内部组织结构情况、当年会议工作计划和一年中可能产生的会议文件情况，参照往年的案卷类目，按照立卷要求拟制出的案卷分类名册。这是一种比较详细具体的立卷规划。编制案卷类目可以由会议秘书部门的有关工作人员提出方案，经主管领导批准即可。

（2）立卷

每一份会议文件都有其一定的特征，应灵活运用文件的特征立卷。一般来说，一份文件主要由作者、名称、内容、收文机关和形成文件的时间等几个基本部分组成，可以概括为 6 个特征：部门特征、时间特征、名称特征、作者特征、地区特征、通讯者特征。会议立卷就是按会议文件资料的共同特征或以一个特征为主结合其他特征组成案卷。一卷之内结合使用两个以上的特征立卷，是比较科学的方法。无论是小型会议还是大中型会议，会议文件的立卷操作步骤基本上是一致的，主要包括以下几个环节：

1）收集文件。这是立卷工作的第一步，要按会议文件收集范围将形成的所有文件资料及时、完整地收集起来。需要注意的是，组织者在分发会议文件时须留出必要的份数。一般印发的以保存 2 份为宜（不考虑原稿）。重要会议文件的初稿、历次修正稿也应保存，如有复印稿，也应保存 1 份。注意收集领导阅办完的会议文件资料。注意收集会议的非正式文件，如来往电报、电话记录、证件等。

2）筛选整理文件。检查收集的会议文件资料是否齐全完整，如有未收集的应尽快收集起来。剔除不需立案归档的会议文件资料。

3）分类。对会议文件资料进行大体分类，区分为主要文件资料、一般文件资料、参考文件资料、大会发言、书面发言、领导讲话、会议简报、会议快报、有关文书资料等，然后按照问题和时间特征立卷。一般来说，会议主要文件资料（报告、决议、结论及主要负责人的重要讲话等）单独立卷，一般文件资料及参考文件资料分别按问题特征立卷，大会发言按发言日期立卷，书面发言按地区或单位立卷，通知、来往文书均按时间立卷。

4）组卷。组卷时按照永久、长期、短期三个保管期限分别组卷。同类问题的文件集中组卷。卷内文件资料按重要程度和时间进行排列，同一文件资料的不同修改稿按时间先后顺序排列，定稿在前草稿在后。要拆除文件上的金属钉和障碍物，注意文件页码顺序的排列。

5）卷内文件编目。定卷以后在会议文件上加盖编目章（包括卷号、顺序号），以卷为单位编排标注页号，第一页在右上角，第二页在左上角，把每份文件在卷内的位置固定下来。按顺序填写卷内目录，没有标题的文件要代拟标题。

6）填写卷内备考表。对卷内文件情况作必要说明，主要内容是文件的形成过程、重要程度和文件变动情况等，字迹要清楚，卷面要整洁，立卷者、检查者还要签注姓名和立卷时间。

7）拟定案卷标题。每个案卷要拟定标题，一般应反映出会议名称、作者和主要内容。

8）填案卷封面。案卷封面要用毛笔或钢笔正楷书写，字迹要清楚、整洁，卷皮所列项目应填写齐全，卷皮起止时间均以卷内文件资料的最早和最晚日期为准。

9）案卷排列。大中型会议文件资料的分卷，可按保管期限、重要程度和时间排列。

10）编写案卷目录。案卷目录是登记案卷和提供利用档案的基本工具，是立卷部门向档案部门移交案卷的手续和凭证，也是档案部门检查、统计案卷的依据。要按案卷排列顺序逐卷逐项填写案卷目录，打印一式三份，两份随案卷移交档案部门，一份留存备查。

4. 会议文件的归档

会议文件完成收集、整理和立卷等工作后，即可按归档要求移交档案部门。在正常情况下，应在次年上半年将上一年的案卷向档案部门移交归档。移交前，档案部门应检查案卷质量。归档时，交接双方应按照案卷目录清点核对无误后，履行签字手续。

一、请根据本节“案例引入”中所介绍的情况，列出此次例会需要收集的文件列表，并注明数量。

二、某公司于20××年7月2日在公司二楼会议室，针对上半年公司的情况召开了各部门负责人会议。生产部、销售部、财务部、后勤部等主要部门负责人在会上发言，最后总经理肯定了成绩，指出了存在问题。请根据以上介绍，列出一份会后需要整理的文件清单。

三、会议文件立卷归档都有哪些关键环节？进行这些操作需要注意哪些问题？

第三节　会议纪要的编制

某建工集团为了贯彻当地政府文件要求，促进安全施工，准备在全集团范围内进行一次安全施工大检查活动，并专门召开了一次动员会，各分公司和直属部门的主要领导参加了会议。集团总部的李秘书负责此次会议的记录，并在会后编发会议纪要。

会上，集团公司主管安全施工工作的刘副总在讲话中提到了四个方面：一是思想上高度重视安全施工工作，二是要严格贯彻落实市政府有关文件要求和公司的相关制度，三是安全施工大检查活动具体部署，四是对后进单位的处罚措施。在刘副总讲话过程中，李秘书临时有事离开了会场几分钟。等她再回来的时候，另一位领导开始发言。

会后，李秘书编写会议纪要时发现，会议记录中刘副总讲话开头提到了“四点”，但是记录中却只有三点。她查阅了一下关于这次检查活动的通知，也没有发现还有“第四点”，于是她推测可能是刘副总一开始口误，将“三点”意见说成了“四点”。因此，李秘书就根据自己所做的记录，在纪要中仅写明了刘副总的三点意见。

完成纪要初稿后，李秘书请办公室主任审核了一下，没有发现问题，于是就打印成文下发了。第二天，刘副总把李秘书叫到办公室，问她：“我明明讲了四点意见，而且我还特意强调了第四个方面，你为什么不在纪要中写出来这一点呢？”李秘书顿时明白了自己的失误，连忙道歉：“对不起，刘总。我当时有事出去了一下，您讲的这一点我没有记录下来。我再把纪要文件修改一下。”刘副总说：“算了，不用修改了，反正我在会上已经说清楚了。你以后再发纪要的时候，一定要提前让会议发言人看一下，稿子没问题再印发。”

思考：

1. 在本案例中，刘副总为什么特别在意会议纪要中漏掉他讲话的一部分？
2. 李秘书在会议纪要中没有将领导的讲话意思完整表达出来，主要原因是什么？会议纪要如果没有完整、准确地传达会议精神，可能会造成怎样的影响？

3. 为了避免出现案例中的失误，在编发会议纪要时应注意什么？

一般来讲，中小型会议、日常工作性例会和协调性会议，均需撰写会议纪要，目的是将会议的议事过程和议定事项，用精练的文字归纳出来，一方面留存备查，另一方面分发给有关部门贯彻执行。

一、会议纪要的文体内涵

会议纪要是一种记载、传达会议情况及议定事项的纪实性公文。会议纪要通过记载会议基本情况、会议成果、会议议定事项，综合概括地反映会议精神，以便参会人员统一认识。会议纪要是会后全面如实地进行传达、组织落实、开展工作的依据。印发会议纪要只限于日常工作会议。如果会议产生相应的正式文件，如会议决定、决议，一般不再印发会议纪要。

会议纪要不同于会议记录。会议记录侧重于如实记载会议进行过程中的情况；会议纪要则是根据会议的宗旨，用准确而精练的语言综合记叙议事要点和决定事项，它是在会议记录的基础上经过进一步分析、综合、提炼而成的文件。此外，会议记录一般不对外行文，不向下级单位发放，而会议纪要可以对外行文，可以向下级单位发放，下级单位在工作中应当贯彻执行会议纪要中的议定事项和要求。

二、会议纪要的种类

根据会议类型的差异，会议纪要可以分为以下几种类型：

1. 办公会议纪要

办公会议纪要主要记载和传达领导的办公会议决定和决议事项，如其中涉及有关部门的工作，可将会议纪要发给他们，并要求其执行。

2. 工作会议纪要

工作会议纪要主要是传达重要工作会议的主要精神和议定事项，有较强的政策性和指示性。

3. 协调会议纪要

协调会议纪要用于记载协调性会议所取得的共识以及议定事项，对与会各方有一定的约束力。

4. 研讨会议纪要

研讨会议纪要主要记载研究和总结性会议的情况。这类会议纪要的写作要求全面客观，除反映主流意见外，如有不同意见，也应整理进去。

三、会议纪要的结构

会议纪要一般由标题、前言、主体、结尾、发文机关和成文时间等几部分构成。

1. 标题

会议纪要的标题通常由会议名称和文种构成，如《全国城市爱国卫生现场经验交流会纪要》《××× 公司管理体制改革会议纪要》等。也有的由发文机关、会议名称和文种构成，如《×× 集团公司经理办公室会议纪要》。

2. 前言

前言概括介绍会议的名称、时间、地点、主持人、主要议程、参加人员、会议形式以及会议主要的成果，然后用“现将这次会议研究的几个问题纪要如下：”或“现将会议主要精神纪要如下：”等语句转入下文。这项内容主要用来简述会议的基本情况，文字要言简意赅。

3. 主体

这是会议纪要的核心内容，主要记载会议情况和会议结果。写作时要注意紧紧围绕中心议题，把会议的基本精神，会议所形成的决定、决议准确地表达清楚。对于会议上有争议的问题和不同意见，也要如实予以反映。

另外，在具体写法上，不同类型会议的会议纪要写法不同。决议型纪要主要根据中心议题，着重把会议形成的决定、决议的具体内容一一表述清楚。综合性纪要主体内容则侧重于突显会议的指导思想，全面介绍会议的基本情况。

4. 结尾

这部分可有可无。有结尾的一般是向受文单位提出希望和要求。如没有这部分，主体内容写完，全文即告结束。

5. 发文机关和成文时间

办公会议纪要需写明召开会议的机关单位名称。一般会议纪要则不需要写明发文机关，也不用加盖公章。

会议纪要的成文时间即会议通过的时间或领导人签发的时间，一般在标题下居中位置用括号注明年、月、日，也可把成文时间写在尾部的署名下面。

会议纪要的正文内容撰写完成后，根据会议纪要的格式规范进行排版印刷，完成后的样式如图 3-1 所示。

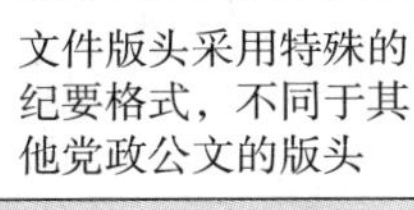

××商贸有限公司纪要

××纪文〔20××〕18 号

标题：会议名称+纪要

××商贸有限公司十周年庆典大会纪要

（20××年 10 月 30 日）

成文日期可以标在标题下方，年月日齐全，阿拉伯数字

第一段概述会议基本情况

××商贸有限公司十周年庆典表彰大会于20××年 10 月 27-28 日在××市隆重召开。本次大会共有来自公司各部门、各分公司、当地主要媒体的人员共约 300 人参加。××省商务局、纺织工业协会的主要领导莅临指导。

大会开幕式由公司副总经理王江先生主持，公司总经理张峰先生致开幕词。张峰在开幕词中说，××商贸有限公司成立十年来，在各级领导的亲切关怀下，在广大合作伙伴的倾力支持下，全体员工不懈奋斗，已经成长为年营业额超千万的企业。××所取得的成绩是巨大的，十周年将是一个新的起点，××的明天会更加辉煌！

正文采用发言摘要和情况概述两种写法

- 1 -

××省商务局副局长××先生在致辞中高度评价了××的企业理念，他说，十年来××以诚信为本，以质量求生存，经受住了重重考验，取得今天的成绩令人钦佩，是同行业学习的楷模。××省纺织工业协会会长×××先生在贺词中说，××坚持以市场为导向的经营理念，重视对新产品的投入和研发，实现了突出的效益，为我省纺织行业树立了榜样。来自××省××公司的×××经历代表××的百家经销商发言，她首先向××的领导和员工表示热烈祝贺，并高度赞扬了公司的营销政策。

开幕仪式上，由副总经理×××先生宣读了《关于表彰优秀员工的决定》，30位在不同岗位取得优异成绩的员工受到表彰并登台领奖。

庆典大会举行期间，先后召开了分公司经理经验交流座谈会、展览参观、媒体见面会等多种活动。在分公司经理经验交流座谈会上，各个分公司经理对公司未来的发展提出了多种合理化建议，××副总经理认真深入地和大家进行了交流。

省、市级的多家媒体以相当突出的版面和篇幅报道了我公司的此次庆典活动，××在线等网站开辟专区推出了网上直播活动，使公司的知名度得到较大幅度的提升。

纪要落款部分往往省略单位名称和日期，也不加盖公章

抄送：××××，×××××。

××公司总经理办公室。　　20××年11月1日印发

－2－

图3-1　会议纪要

四、会议纪要的写作注意事项

1. 忠于会议精神

会议纪要必须忠实于会议的实际内容，尤其是会议的议决事项，不能随主观意图增减或更改会议的内容。对于没有取得一致意见的材料，一般不写入纪要。

2. 突出会议要点与重点

会议纪要是在对会议中各种材料、参会人员的发言以及会议简报等进行综合分析和概括提炼基础上形成的，撰写会议纪要应围绕会议主旨及主要成果来整理、提炼和概括。重点应放在介绍会议成果，而不是叙述会议的过程，切忌记流水账。会议纪要还应重点反映会议所讨论的问题及形成的统一意见，即会议明确和解决的问题。例会和办公会议、常务会议的纪要，重点将会议所研究的问题和决定事项逐条归纳，做到条理清楚，简明扼要。

3. 使用第三人称

会议纪要一般采用第三人称写法。由于会议纪要反映的是参会人员的集体意志和意向，常以“会议”作为表述主体，所以“会议认为”“会议指出”“会议决定”“会议要求”“会议号召”等就是称谓特殊性的表现。

4. 写作要及时

会议纪要如果不及时制作，拖延时间过长，会给人“时过境迁”之感，影响公文的效果。

五、会议纪要的印发

会议结束后，会议的精神需要通过会议纪要这一文体向下级单位传达，因此印发会议纪要也是会后的重要工作。为了完成这一工作，秘书应认真掌握会议情况，透彻领会会议精神和决定，遵守会议纪要的格式规范，及时编制并发放会议纪要文本。

会议纪要的印发工作从对会议精神的领会开始，经过查阅会议记录、起草编写等多个环节，如图 3-2 所示。

秘书要完善会议记录，对于不清楚、不明确的内容，要在会后立即请发言人进行完善。为完整、准确地传达、执行会议决定，使会议决定的事项得以具体落实，需要在会议记录的基础上加工整理成会议纪要。会议纪要的印发范围是根据会议的

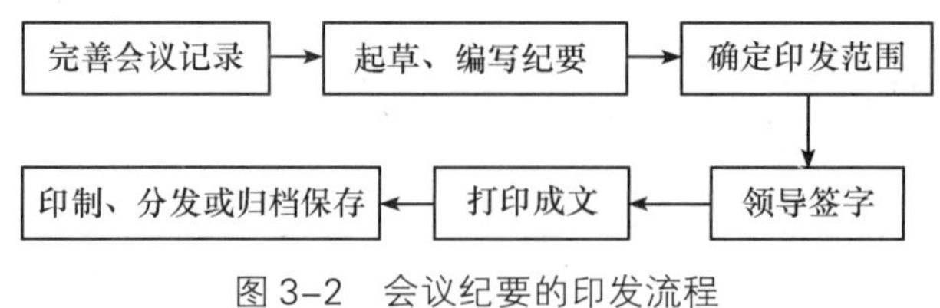

图 3-2　会议纪要的印发流程

性质和纪要的内容来确定的。秘书需要将拟定的会议纪要加以校对，经由领导签字后印刷，盖章后发给会议决策执行人，使得会议决策得以实施。

一、请为本系或本班最近召开的一次会议撰写会议纪要，并按照流程要求模拟印发过程。

二、某公司于 20×× 年 7 月 2 日在公司二楼会议室，针对上半年公司的情况召开了各部门负责人会议。生产部、销售部、财务部、后勤部等主要部门的负责人在会上发言，最后总经理肯定了成绩，指出了存在问题。请根据以上介绍，确定会议纪要印发的范围，列出接收人员和部门的清单。

第四节　会议评估与总结

某汽车销售服务公司经常为旗下的各个销售门店举行促销宣传推介会。推介会的内容往往是介绍汽车的性能、价格、特点，并且还有抽奖、歌舞、竞猜等多种活动。以前在举行这类推介会的时候，现场的观众和准车主数量比较多，但是最近举行这类活动时，观众人数明显变少了，而且现场成交的订单更是急剧下滑，甚至连续几场出现“零成交”。面对这种局面，公司领导要求承办推介会的市场部找到原因并拿出解决方法。

市场部的工作人员开会讨论了其中的原因：一是由于天气逐渐变冷，在室外举行这类活动自然不能吸引观众；二是竞争对手在举办同类活动时力度更大，带走了一部分客户；三是节目太陈旧，不能引起观众的兴趣，应创新节目形式；四是所销售推介的汽车产品市场形象不好，对准车主的吸引力越来越低。这种会议开了几次，大家的分析似乎都有道理，但是推介会的效果依然不尽如人意。

思考：

1. 本案例中，你是否赞同市场部人员所分析的那些原因？为什么？

2. 市场部人员开会讨论导致活动效果不佳的原因，这种方式能否找到真正的原因？为什么？

会议结束之后，会议组织方应对此次会议的效果、开展情况、参会人员满意度等多方面情况进行评估，撰写会议总结，以便吸取经验教训，进一步提高办会质量，培养办会团队。

一、会议评估与总结的目的

对会议进行评估与总结是会后工作的重要内容。评估与总结能够检查会议目标的完成情况，检查各个组织小组的分工执行情况，有助于积累经验，找到做好同类型会议组织与服务工作的经验。会议评估与总结可将员工自我总结和集体总结相结合，从而有效地总结经验，激励下属，提高工作水平。

二、会议评估与总结的基本要求

会议评估与总结要根据会议岗位责任制和会议工作任务书的内容，逐条对照检查；要切实回顾和检查会议工作中好的方面和存在的问题，认真总结经验教训，不断探索举办好会议的规律和方法；评估与总结应有理有据，实事求是，要突出重点，有所侧重；评估与总结还应以激励监督为主，检查批评为辅。

三、进行评估的会议因素

进行会议评估主要考虑以下因素，见表 3–3。

表 3–3　进行评估的会议因素

序号	主要因素	评估内容
1	主办方	是否发挥了保障监督作用，是否提供充足的经费和支持，是否具有主办资质
2	组织者	人力是否充足，协作关系是否融洽，解决实际问题能力如何，会议准备是否充分，是否具有使用与维护会议设备相应的技术水平

续表

序号	主要因素	评估内容
3	会议目标	是否具有召开会议的必要，目标是否明确，目标大小是否适当，目标是否分解，目标是否被所有参会人员明白
4	会议议题	议题是否与目标一致，议题是否明确，议题是否被所有参会人员明白，议题议程安排是否科学合理
5	会议地点	场所的交通条件情况，安全设施情况，便利设施情况
6	宣传活动	宣传文案是否完备，宣传渠道是否畅通，宣传覆盖面是否广泛，宣传速度是否迅速
7	公共关系	政府人员是否参与，政府人员级别层次，同行业人员是否参与，行业协会人员是否参与，媒体人员是否参与
8	会议预算	预算与实际开销之间的差距如何，预算是否考虑到了所有支出项目
9	主持人	主持人的组织能力如何，对会议进程的控制能力如何，是否妥善处理会议中的冲突，是否推动参会人员达成一致
10	参会人员	是否严格控制会议人数，参会人员的到会率、出勤率如何，参会人数是否达到了有效交流信息并形成有效决议的最低限度，发言质量、发言次数如何，参会人员的能力和态度如何，决议是否得到有效实施
11	会议材料	内容是否准确完备，数量是否充足，印刷是否清晰
12	参观与展览	地点是否便利，参观是否自由，内容是否适当，布展是否周密
13	文体活动	活动是否适合会议，活动量是否适当，参会人员是否满意
14	报到签到	是否快速有效，程序是否简洁，协助是否及时，办理地点是否合适
15	交通	交通服务是否快捷安全，票务预订是否及时到位
16	休息	休息环境是否安静，休息次数是否合适，休息设施是否完备，会议环境是否卫生整洁

四、会议评估与总结的常用方法

进行会议评估与总结可以使用问卷调查、测评表测试、座谈会访谈、书面总结等多种方法。

问卷调查和测评表测试一般以匿名的书面方式进行，能够最大限度地了解到人们的真实观点和看法，是进行会议评估的重要手段。座谈会访谈最能充分发挥互动性，有助于收集来自多个方面、多个角度的信息，便于全面了解会议情况。书面总结是对会议进行评估的成果，能够系统而深入地归纳成功和不足两方面的经验。

下面重点介绍问卷调查法、测评表测试法和书面总结法。

1. 编制会议情况调查问卷

针对影响会议质量的若干因素，结合会议的具体情况，编制调查问卷，在会议结束前发放，及时收集有关会议的意见反馈，以便了解参会人员对会议的评价和意见。下文是一份会议调查问卷，可以作为参考。

会议情况调查问卷

此份调查问卷的目的是对本次会议进行评估，希望得到您的理解和支持，请在您认为正确的选项上画“√”。

1. 您对本次会议的总体印象：

A. 非常好　B. 好　C. 一般　D. 较差　E. 差

2. 您觉得本次会议的收获如何：

A. 非常大　B. 大　C. 一般　D. 较小　E. 小

3. 您如何评价跟同仁的交流与合作情况：

A. 非常好　B. 好　C. 一般　D. 较差　E. 差

4. 您觉得会场总体环境如何：

A. 非常好　B. 好　C. 一般　D. 较差　E. 差

5. 您觉得会场的多媒体设备条件如何：

A. 非常好　B. 好　C. 一般　D. 较差　E. 差

6. 您对会议期间餐饮和住宿的安排是否满意：

A. 非常满意　B. 比较满意　C. 基本满意　D. 不满意

7. 您觉得会议的议程安排如何：

A. 非常好　B. 好　C. 一般　D. 较差　E. 差

8. 您对会议的会后考察是否满意：

A. 非常满意　B. 比较满意　C. 基本满意　D. 不满意

9. 您觉得有必要继续开办此类会议吗?

A. 非常必要　B. 必要　C. 无所谓　D. 没必要

10. 请您谈谈本次会议最大的收获是什么，您还有哪些看法和建议。

---

2. 编制评测表

会务人员的工作表现直接影响着会议质量。会务小组的评测表是专门针对会务人员设计的，用来测试每名服务人员在会议中的表现，以此也可以获得对会议质量的部分结论。会务小组评测表的样式见表 3–4。

表 3-4　　会务人员评测表

序号	项目	表现
1	精通业务，胜任工作	□始终是　□偶尔是　□不是
2	自觉维护公司形象	□始终是　□偶尔是　□不是
3	具有良好礼仪修养，形象优雅，举止得体，言谈规范	□始终是　□偶尔是　□不是
4	按时完成所承担的工作	□始终是　□偶尔是　□不是
5	与同事团结协作，相处融洽	□始终是　□偶尔是　□不是
6	服务工作中出现自己难以克服的困难	□始终是　□偶尔是　□不是
7	与参会人员或来宾发生争执、矛盾	□始终是　□偶尔是　□不是
8	虚心接受上级的指导	□始终是　□偶尔是　□不是

该表设计完成并打印出来，由会务组全体工作人员填写，后收回进行统计，从中分析工作人员的表现及其对会议的影响。

3. 撰写会务总结

会务总结是一种专项工作总结，围绕某次会议的组织与服务情况，系统深入地分析成败得失。根据调查问卷、会务人员评测表汇总的数据，并结合工作人员的个人观点，秘书应撰写书面的会务总结，对会议组织情况进行系统深入的分析，尤其要对工作的经验和不足进行评析，以便从中获得规律性认识，为今后的同类型工作提供借鉴。

在撰写会务总结时，必须注意归纳导致会议成效较低的主要原因。第一，组织不当是造成低效的常见原因。会议的组织不周密，未能完全实现会议主要目标，会议被少数几个人控制了进程。第二，会议程序安排不当。未能对会议的议程进行合理的计划和安排，往往表现为议题杂乱，议题数量较多，难以将参会人员的思路和注意力集中在核心议题上。第三，对参会人员的理解状况判断失误。并不是所有的参会人员对会议的目标、议题都能深入、准确理解，有些参会人员甚至对会议发放的资料都没有阅读，这些情况都可能导致会议失败。组织者如果对参会人员的理解状况缺乏准确了解，误以为大家都理解了相关信息，那么就很难使会议顺利进行下去。第四，会议记录有误。由于各种原因，会议记录很可能不准确、不完善，未能真正体现会议的实际成果。

下文是某次会议结束之后，会务组撰写的会务总结，可以作为参考。

会务工作总结

××商贸有限公司表彰庆典大会已于20××年10月28日胜利闭幕。为了做好本次会议的组织工作，公司抽调了18名人员组成会务组，负责大会的各项会务工作。会务组自从成立以来，经过近1个月的辛勤工作，终于圆满地完成了自己的使命。现将此次大会会务工作总结如下：

一、会务工作的基本情况

1. 接待参会人员300余人次，媒体记者10余人次（略）

2. 出动车辆约100车次（略）

3. 组织参观交流活动3场，媒体见面会1场（略）

4. 经费使用控制在预算之内（略）

5. 参会人员满意度较高（略）

二、会务工作的主要经验

1. 公司领导高度重视是会务工作顺利开展的保障（略）

2. 严密的组织与合理的分工是工作开展的基础（略）

3. 任劳任怨的敬业精神是工作开展的“软”条件（略）

三、会务工作存在的不足

1. 部分设备运转出现故障（略）

2. 用餐时间出现一定程度的拥堵现象（略）

3. 未能为参会者提供充足的返程票源（略）

四、今后工作改进措施（略）

庆典大会会务组

20××年11月1日

实训·练习

一、请分析所在班级的一次班级活动情况，指出影响活动效果的因素有哪些？并列表进行分析。

二、请结合所在班级的一次班级活动，拟写一份组织者评测表，对活动组织者的工作表现进行评价。

三、针对一次班级活动撰写活动组织工作总结，指出其中的经验和不足。

四、请根据本节“案例导入”所提供的背景信息，拟定一份针对现场观众的推介会情况调查问卷。

part

04

第四章 常见会议的组织与服务

学习目标

- 掌握内部小型会议的组织与服务要点
- 了解新闻媒体的类型，掌握新闻发布会的组织原则与方法
- 掌握商务谈判会议的组织与服务要点
- 掌握视频会议的组织与服务要点

在前面几章中，详细介绍了组织会议和服务会议的一般方法，以及会议三个阶段各个工作环节的基本要求。在秘书的实际工作中，面对的是各种特定类型的会议，有的是内部的小型会议，有的是对外的新闻发布会，有的是与合作伙伴的谈判会议，此外，网络视频会议也开始兴起。组织这些会议都应体现会务工作的一般要求，同时还应根据会议类型体现出不同的工作重点。

第一节　内部小型会议

案例导入

某社区物业管理中心召开了一次业主座谈会，邀请了20多位业主代表参加，到会的还有物业中心各部门的负责人，主持人是物业管理中心的主任。座谈会的主题是请业主代表对物业服务提出意见或建议。

会议刚刚开始，气氛比较融洽。但是随着意见越提越多，会议室的气氛逐渐紧张起来。许多业主代表将意见集中到了保安服务这方面。有业主代表说自己家的自行车被盗了，有的说电动车的蓄电池被盗了，有的说私家车不知道被什么人给划伤了，还有的说小区里经常有一些推销人员进来挨家挨户敲门，严重干扰了大家的生活。

保安部门负责人听到这么多的意见都是针对他的，脸色越来越难看，终于忍耐不住了，争辩说："反复提醒你们把自己家的车锁好，可你们就是不听，丢了怪谁呢！你们有小轿车的人，总是乱停乱放，挡住别人的路……"

作为主持人，物业中心主任赞同保安队长的话，他也认为确实有业主自身的原因。于是就没有制止保安队长的话，让他继续说下去。业主代表们也不甘示弱，于是大家的嗓门越来越高，仿佛在吵架一般。

思考：

1. 在这个案例中，座谈会主持人和保安队长对待意见的心态有什么问题？

2. 座谈会进行期间，如果出现了针锋相对的争执，主持人应如何处理？

内部的小型会议是各类社会机构最常见、最普遍的会议活动，在实现内部沟通与管理、发挥社会职能、沟通各方情况等方面发挥着重要作用。这种会议参加人数少则不足十人，多则二三十人，召开时间灵活，场地要求不高，组织和筹备相对而言比较简单。下面选择办公会议、座谈会分别予以介绍。

一、办公会议及其特点

办公会议是一个单位或部门的有关负责人召集会议讨论并处理事务的工作方式，通常是一种小型会议，参加人员多为单位或部门的负责人。

办公会议一般定期召开。召开的周期可以是每周或每两周，如果工作事务比较简单，也可以每月召开 1 次。

办公会议的参加人员数量比较少，而且人员固定，不能随意更换参加者。当参加者不能到会时，应向主要领导请假。

办公会议的内容主要是讨论研究日常工作中的管理事务。每次会议研究的事务数量往往比较少，甚至只专门研究一件事，或者传达上级的一份文件。

二、办公会议组织工作要点

1. 明确召集人

办公会议一般由单位主要领导负责召集和主持。当主要领导因特殊原因不能出席时，可委托一名其他领导召集和主持。

2. 明确开会时间

原则上，办公会议于每周一召开，如遇紧急情况可随时召开。

3. 建立议事规则

办公会议的议事规则决定了会议议题的产生、决策过程。办公会议议题一般由召集人决定。办公会议各成员可在工作分工范围内，提前向召集人申请提出会议讨论决定的议题，重要议题应提交可供会议决策的方案等书面材料，提交会议讨论的议题应有充分的材料和明确的决策建议。

办公会议讨论决定问题实行民主集中、多数一致、主要领导负责的原则，由召集人归纳出席会议成员的多数意见后做出决议，对经会议讨论尚不宜做出决议的议题，召集人有权决定下次再议。在必须做出决议而又不能形成多数一致意见时，召集人有最终决定权。

4. 办公会议内容

办公会议所研究的议题内容极为广泛，主要包括经营管理计划、人事管理、安全生产等方面的内容。

经营管理计划类内容主要包括：拟定年度计划和年度财务预、决算方案，研究实施生产经营计划、发展规划、新项目开发、资金投向、利润分配，审定阶段性计划，拟定、修改基本管理制度，制定、调整内部管理机构设置等。

人事管理类内容主要包括：制定公司干部配备方案，决定聘任人员，决定基层负责人的选拔、考察、任免和奖惩，决定公司基本工资制度和工资标准、年度职工工资收入水平、内部分配形式和方案、工资调整方案，决定公司职工奖励和处分等。

安全生产类内容主要包括：研究日常安全、生产等工作，解决工作中遇到的问题等。

5. 严格保密

办公会议的议题及有关材料、会议讨论情况和会议记录一般会作为机密，相关人员不得泄露。

三、座谈会及其特点

座谈会是为了了解情况、沟通信息、征求意见、增进感情而召开的一种小型、非正式会议。

座谈会上所有参加人都有发言机会，发言一般比较自然，不要求照读事先撰写的稿子。

座谈会上主持人的作用非常重要。主持人应训练有素，能够调动所有参加人员的积极性，使大家畅所欲言。主持人和发言者之间的互动非常频繁，往往会出现访谈的交流状态。

四、座谈会组织工作要点

1. 主题明确

座谈会由于形式比较灵活、气氛活跃，容易使参会人在发言过程中出现偏离主题的倾向，所以座谈会在筹备、开始以及进行过程中，应反复明确会议主题，使参加人能够始终围绕主题进行发言。

2. 选择适当的主持人

作为座谈会的核心，主持人的作用特别重要，一位优秀的主持人往往可以点石成金。

座谈会主持人首先应具有互动亲和能力，能够建立信任感，让每个参加人都能真实表达自己的意思，使大家共同合作达成会议目标。

座谈会主持人应具有较高的会场过程控制能力。语速适中，既不让人感到压抑又不让人听不清楚。要能够把握座谈主题，纠正“跑题”现象。安排好时间进度，控制好每个人的发言，既表达充分，又不啰嗦。

座谈会主持人应具有良好的提问和倾听能力。应掌握基本的提问技巧，借助专业知识和恰当的问题挖掘出问题的本质和核心。要能认真倾听发言者真实的意思表达，包括表面意思和隐含意思，在充分理解的基础上展开下一步的讨论。同时也要能够识别非语言行为，更好地理解发言人的真实意见和态度。

3. 会后进行梳理与归纳

座谈会能够提供各种观点和意见，这就要求组织者在会议结束之后对会上提出的众多看法进行梳理和归纳，将观点进行适当分类，选择代表性的看法进行汇总，形成书面材料。

实训·练习

一、请搜集相关资料，具体说明在一所学校中，校长办公会议都需要研究哪些事务。

二、请根据本节“案例导入”提供的背景信息，模拟组织一次座谈会，分角色扮演业主代表和物业工作人员，演练整个座谈会的过程。

第二节　新闻发布会

案例导入

20××年，某高端家具品牌因质量问题被媒体曝光。该企业负责人就这一事件召开了新闻发布会。发布会进行过程中，一位自称消费者的男子高喊：“我是消费者，花了100多万元在你们这儿买家具，都是伪劣产品！”现场出现混乱，企业负责人情绪激动，边说边落泪，大谈其艰辛的创业史、担负的企业社会责任等。对于核心的产地问题、产品质量问题，则始终避而不谈。

发布会没设媒体提问环节。在发布会现场，媒体记者收到一份该企业所代理品牌原产地的资料，但并未针对媒体报道做任何针对性说明。

思考：

1. 在这个案例中，企业负责人应对消费者质疑的方式有哪些不妥之处？

2. 企业负责人作为主要发言人，在发布会现场的表现会对企业形象造成什么影响？

3. 新闻发布会如果不设置提问环节，对发布会的实际效果会有怎样的影响？

4. 企业在新闻发布会上散发的文件资料是否得当？为什么？

一、新闻发布会概述

1. 新闻发布会的概念

新闻发布会也称记者招待会、媒体见面会，是主办方为了扩大社会知名度、澄清问题、表明态度、传播信息而专门面向各类媒体组织召开的一种特殊类型的会议，参会者主要是新闻记者以及媒体行业人员。

2. 新闻发布会的类型

新闻发布会主要有两种类型：定期举办的例行新闻发布会和临时性新闻发布会。例行新闻发布会是有关部门、机构按照固定时间周期召开的关于部门履行职责情况的新闻发布会，一般为每周、每月举行。临时性新闻发布会在遇到突发性事件时召开，有助于外界了解事件最新的发展状况，澄清事实真相。

3. 新闻发布会的作用

新闻发布会是一种极具影响力的公共关系活动，也是召开方对社会公众进行信息发布的一种极为高效的方式。新闻发布会提供的信息具有权威性，双向沟通非常活跃，信息传播面广泛，能够在较短时间内获得比较高的关注度，对于树立良好的公关形象具有重要意义。

新闻发布会不仅对于召开者具有重要的意义，而且也是媒体获取新闻的重要渠道，几乎所有的媒体都将其作为最经常参加的活动。对于媒体而言，新闻发布会具有显著的优势，如采访对象集中出场，便于进行采访，免去了预约的时间等。

二、新闻发布会的筹备

新闻发布会上任何不当的言行，都可能在社会上造成广泛的影响，因此筹备工作就必须严谨细致，杜绝任何疏漏。

1. 确定主题与名称

新闻发布会的主题一般是围绕工作职能来确定，对于召开方而言具有重要意义，同时也会引起社会的关注，能够得到媒体的响应。新闻发布会的主题应集中、单一，不适宜同时发布多个没有关系的信息。

新闻发布会应具有恰当的名称或标题，其中应包含主办方、主题、时间等信息。发布会的名称一般应能够体现会议主题，例如“××公司20××年新产品研发信息发布会”。如果是例行新闻发布会，则可用具体的次数来代替主题，例如“××省政府第×次新闻发布会”。如果名称中需要带有召开的时间、地点和主办单位等信息就会使得整个名称较长，表述烦琐，为了解决这一问题，可以在发布会主标题下以稍小的字体注明地点、主办单位等信息。

新闻发布会的名称也可以采用正副标题的形式。正标题可以选择一个具有象征意义的名称，副标题说明发布会的内容、主题。例如“大爱无疆——××协会爱心捐助活动信息发布会”。

新闻发布会的名称确定之后，应以醒目的方式出现在会场主席台上。另外还可以将其打印在请柬、会议资料、纪念品等物品上面，以加深参加者的印象。

2. 确定适当的时机

召开新闻发布会的时机需要认真选择，恰当的时机会增强传播效果，不当的时机只能削弱传播效果。一般而言，召开新闻发布会应在活动或事件发生的前后间隔不久，具体间隔多长时间需要根据活动或事件的具体情况来确定。如发布重大体育赛事活动的新闻可以选择提前一两个月，在新产品上市前一个月召开新闻发布会，在重大事件发生后的次日召开新闻发布会等。

新闻发布会召开的具体时间，通常以周一、周二、周三的下午为宜，尽量不选择在上午或晚上。这样能够便于媒体在获得信息的第二天刊出新闻，从而保证了新闻发布会的现场效果和会后见报效果。新闻发布会持续的时间一般为半小时到一小时。

3. 邀请适当的媒体

新闻发布会面向的直接对象是媒体。按照性质划分，媒体可以划分为大众类（日报和晚报型）、专业类（各行业产品类）和财经类三种基本类型；按照载体划分，媒体可以分为传统的纸质媒体（如报纸、杂志）和新兴媒体（如网络、手机）；按照形式划分，媒体可分为平面、电波和网络三大类。每种媒体都具有各自显著的特点与优势，例如报纸具有随时阅读、互相传阅等优势，但在表现形式和互动性方面明显不足。

邀请参加新闻发布会的媒体，应参照下面这两条标准：第一，媒体宗旨定位和发布方的行业、主题是否对应。媒体不仅类型多样，而且自身的定位也各不相同。发布方在邀请媒体时，必须准确了解其自身的宗旨与定位，明确其主要受众人群的范围。发布方应根据自身所处的行业和新闻发布会的主题，选择对口的媒体参加新闻发布会，切忌随意扩大邀请范围。第二，媒体的影响范围是否和发布方所在的区域接近。各种媒体的影响范围是不同的，有的是全国性媒体，有的是地区性媒体。企业所要发布的信息或产品的作用范围应尽量和媒体的影响区域接近，这样可吸引更多媒体前来采访，同时也和发布方的宣传目的一致。

4. 准备会议材料

围绕新闻发布会的主题精心准备多种会议文件材料以供散发。这些材料主要有以下种类：会议议程、新闻通稿、演讲发言稿、发言人的背景资料介绍、公司宣传册、产品说明资料、有关图片、纪念品、企业新闻负责人名片、空白信笺等。这些文件必须提前整理妥当，按顺序摆放，装入专用的文件袋中，在新闻发布会前媒体人员签到时发放给他们。这些材料可以根据会议需要进行取舍，但是一般都要包括议程、新闻通稿等文件。

新闻通稿原本是通讯社等新闻机构针对某一重要新闻事件而向所有媒体发布的统一稿件。这种做法也被新闻发布会的召开方所采用，他们为了统一宣传口径，也会组织新闻通稿，以提供给需要的新闻媒体。新闻发布会上的新闻通稿一般是由企业事先撰写的，体裁以信息和通讯为主，内容围绕新闻发布会的主题，以提供给媒体基本的新闻素材信息。在准备新闻通稿时，可从不同角度撰写不同的版本，以便不同类型的媒体灵活选用。

5. 选择合适的发言人

发言人是新闻发布会的主角，担负着发言、回答问题的任务。高素质的新闻发言人，不仅能够实现新闻发布会的目的，而且能够树立良好的公共形象。

一般而言，发言人应具备以下条件：第一，发言人应具有权威性，担任重要职务，有资格代表机构来讲话；第二，发言人应具有较好的个人形象和优秀的表达能力；第三，发言人应具有执行原定计划并灵活调整的能力；第四，发言人应具备现场调控能力，可以充分控制和调动新闻发布会现场的气氛。

6. 布置会场

新闻发布会的现场布置要求和其他类型的会议基本相同。需要注意的是，新闻发布会的布局一般采用相对式的格局，主席台和媒体人员坐席相对摆放，如同课堂上课桌的摆放。会场布置的重点是主席台，即发言人所在的位置。主席台后面的背景板需要衬托出会议主题，近年来开始流行高清晰写真布作为背景，这种材料无异味、不反光、高清晰，便于媒体摄像。

与其他类型会议相比，主席台上的人员要少得多，主要是主持人、发言人以及助手。这些人员的座次安排应遵循一般惯例。确定座次后，应摆放台签，以方便记者记录发言人姓名。

参加新闻发布会的媒体往往有录音录像的要求，因此组织者应在布置会场时给予充分考虑。例如，在主席台前设置专用桌子，以便摆放麦克风、录音笔、录像机等设备。预留较多的电源插口，供部分设备电量不足时使用。

新闻发布会的外围同样需要精心布置，这是因为参加会议的媒体人员对具体地点和位置并不熟悉，需要进行必要的指引。一般应在酒店大堂、电梯口、转弯处等位置安排专人引导，或者设置指示欢迎牌，便于媒体人员准确到达会场。

企业召开新闻发布会的三个误区

误区一：没有新闻的新闻发布会。并无重大新闻，但为了提高在媒体上“露脸儿”的频率，仍要举行新闻发布会，只注重形式，忽视了内容。

误区二：新闻发布的主题不清晰。将企业的各种信息不加选择地发布，发布的信息过多、过散，没有核心的主题。在媒体看来，“新闻点”缺乏或者不集中。

误区三：信息不透明。对于发布的信息或回答记者的提问，不能提供准确的答复。主要原因包括担心暴露商业机密，或发言人不了解详细情况而无言以对。

三、新闻发布会的召开

新闻发布会召开的过程，本质上是与媒体进行沟通的过程。为了保证沟通取得良好效果，新闻发布会各个环节的工作应依据计划有条不紊地开展，并且根据会场情况灵活处理突发事件。

1. 媒体人员登记

媒体人员登记环节是新闻发布会正式开始之前的报到、签到环节。在会场的入口处设立登记处或接待处，媒体人员到达后，凭邀请函或会议通知进行登记签到。登记簿上的信息应包括人员姓名、所在单位、联系方式等项目。如果有必要，可以为媒体人员制作专用的采访证随身佩戴，待到新闻发布会结束时再交回登记处。登记后为媒体人员提供事先准备的会议材料，供其了解会议主要情况。

有些媒体人员在会前并不在邀请之列，但是也可能来到会场。一般情况下，对于不请自来的人员，主办方应准予进入，但是应对其身份情况进行必要的核实，防止怀有特殊目的的人员进入场内。

2. 安排拍照

发布会可以安排专门的拍照环节。如果有身份特殊的人士到场，应为媒体留出拍照时间。企业的新产品发布会一般都要展示产品，此时媒体也有拍照的需要。为了保证拍照效果，在筹备阶段应对拍照环境、背景进行必要的布置。在拍照过程中，产品应注意向不同方向进行展示，便于处在不同位置的记者都能拍到正面照片。拍照的时间不宜过长，如果拍照对象数量较少，一般在 3 分钟之内结束。

3. 新闻发布

新闻发布会的核心环节就是发布新闻。主持人在所有人员就座后，应宣布发布会正式开始，并说明此次会议的主题，介绍主席台就座的发言人。一般情况下，主持人仅负责整个发布会的进程控制，不负责发布信息和回答具体问题。

发言人是发布会的主角，在发布环节的主要任务是介绍相关情况，公布具体数据，解释相关问题。一般情况下，发言人讲话应依据事先准备好的书面文稿，以防出现严重的失误。

4. 回答提问

在新闻发布会上，发言人讲话结束后通常要安排一段时间开展和记者之间的互动。在记者提问后，发言人或其他负责人回答提问。答记者问环节，能够充分开展与媒体的沟通，增强记者对整个事件的理解以及对背景资料的掌握。

在答记者问这一环节，往往由一位主答人负责回答。必要时，如涉及专业性强的问题，可由他人辅助。发布会前主办方要精心准备答问提纲，并事先统一意见，防止在会上出现意见分歧。

有的记者所提问题与发布会主题无关，针对这种情况可以礼貌地拒绝回答。如记者的问题涉及需要保密的内容，那么应给予说明，不可生硬地告知对方“无可奉告”。如记者提出的问题比较复杂，难以在会上短时间内解释清楚，可以先说明要点，然后邀请其在会后探讨。

5. 结束环节

当主要信息发布完毕并且回答完记者的所有提问后，发布会应果断结束。或者当达到发布会预定的时间后，应及时结束。由会议主持人宣布结束并感谢媒体人员到场，此时参会人员将离开会场。在结束环节，需要特别注意的是，媒体人员还可能会对到场嘉宾“围追堵截”，继续提出问题。这时，主办方应安排人员保障嘉宾安全、顺利离场。

四、组织新闻发布会的注意事项

组织召开新闻发布会是对外展示的一个窗口，是进行公关活动的重要方式，新闻发布会组织与实施工作的质量直接决定着机构在社会公众面前的声誉和形象。为了使新闻发布会发挥其应有的功能，发布方在组织和实施过程中应特别注意以下几个方面：

1. 发布的信息必须符合客观实际

新闻发布会上散发的文件资料、发言人的讲话以及对问题的回答等，这些信息都应体现实事求是的精神，必须符合客观实际。一部分企业错误地将新闻发布会等同于广告活动，存在过度宣传的行为，有意无意地夸大事实，甚至诋毁竞争对手，这些做法从根本上背离了发布会的宗旨，主办方务必杜绝这类错误行为。

2. 发布的信息应经过必要的审查

在新闻发布会上所发布的信息应在会前经过领导审查，或需要经过集体讨论确定。审查的主要方面应包括：是否存在泄密信息；观点和结论是否符合部门意图；信息是否符合客观情况；信息是否全面周全，是否重点突出；表达信息的立场和角度是否恰当。

3. 对待到场媒体人员应一视同仁

到场媒体人员所在的单位存在规格、级别、影响力等多方面的差异，但是这些因素并不是厚此薄彼的理由，应做到一视同仁，给予所有媒体平等的待遇和机会。

4. 做好应对负面报道的预案

新闻发布会结束之后，媒体未必就会按照主办方的预期进行相关报道，甚至会出现负面报道。在发布会筹备之初，主办方就应设想到负面报道的情况，并在筹备和实施工作中尽量消除造成负面报道的因素。如果出现了负面报道，发布会主办方应及时做出应对，采取多种方式进行必要的澄清，避免消极信息进一步扩散。

5. 及时将媒体报道情况反馈给领导

发布会组织者要随时注意收集外界舆论和新闻媒体的报道，对其进行整理后反馈给领导，为领导掌握和评估发布会的效果提供参考。

知识链接

如何处理媒体的负面报道

1. 快速做出反应，在第一时间向媒体反馈相关情况。
2. 让负责人出面，统一口径，用一个声音说话。
3. 不隐瞒事实，不推测未知事实。
4. 为媒体采访敞开大门。
5. 联合或聘请专业公关公司处理危机。

实训·练习

一、某汽车品牌准备推出一款都市 SUV 车型。请搜集相关资料，撰写一份新闻发布会策划书。

二、根据上一题中撰写的新闻发布会策划书，组织全班同学进行模拟演练，并进行评议总结。

第三节　商务谈判会议

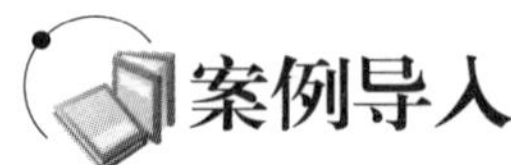

案例导入

甲公司是一家刚成立不久的机电设备销售企业，由于资金实力不够雄厚，租用的办公室面积比较狭小，仅有的两个封闭单间分别作为经理办公室和财务室，其他员工则在敞开式大厅中办公。甲公司计划成为某水泵制造厂的地区独家代理商，经过几次联系，水泵制造厂准备派人到甲公司进行实地考察，并进一步商谈合作事宜。公司经理将谈判准备工作交给了秘书小刘。

小刘深知公司正处于起步阶段，办公经费比较紧张，所以他设想当水泵厂一行3人来到公司后，就在经理室进行谈判。当他把这个想法告诉经理后，经理显得有些犹豫："这样不太好吧？"小刘说："应该没有什么大问题，厂方的那几个人已经联系过多次了，我和他们都比较熟悉，他们不会挑理的。再说，他们只有3个人来，我们去租用一间会议室确实也没有必要。"经理听了他的解释，也没再说什么。

到了谈判那天，三位客人坐在经理室的沙发上，对面是公司经理，他坐在办公桌后面，公司的其他人沿着墙坐了一排。由于沙发比较低，所以三位客人在说话的时候总要努力抬起头来才能和大家进行交流。而公司经理坐在办公椅上，双肘撑在桌面上，不得不俯下身子和客人交谈。小刘虽然热情地招呼客人喝茶，但是他还是明显地感觉到了他们的不快。

思考：

1. 这个案例中，商务谈判组织工作存在的主要问题是什么？
2. 秘书小刘没有为谈判安排专用的会议室，他所提出的理由是否成立？为什么？
3. 可以设想一下，这次谈判的结果将是怎样的？

商务谈判是指双方或多方经济实体为了满足各自的经济利益，通过协商、沟通等方式达成协议的过程。商务谈判是以会议的形式进行的，也可以被视为一种特殊类型的会议。

组织商务谈判会议包括谈判前的准备工作、谈判期间的服务工作和会后的整理工作。

一、商务谈判会议的准备工作

商务谈判会议的准备工作包括收集信息，了解谈判双方的情况，与对方约定谈判，安排适当的谈判人员，撰写谈判方案，为谈判准备会议室等工作。

1. 收集信息及分析双方资料

与客户谈判前应通过各种渠道收集对方信息资料，具体包括对方企业的背景资料以及谈判团队人员资料，己方与对方以往同类谈判资料，对方的谈判目标（尤其是最低目标），谈判时限，对方可能提出的问题等，把这些形成文字资料，呈送给上级以及其他参与谈判人员。

收集信息资料的具体途径有：书籍、杂志、文章、互联网、知情人、专门调查机构等。

2. 约定

根据礼仪规范，双方谈判之前应做事先约定。宾主双方都有权提出谈判要求。在提出谈判要求时，发起一方应将本方出席人员的姓名、身份、发起谈判目的等情况告知对方。接见一方应尽早给予答复，并将本方出席人员的姓名、身份、谈判时间、地点、具体安排及有关注意事项通知对方。因故不能满足对方要求的应婉言解释。

双方约定谈判事宜可以采用电话、信件、传真等方式。为了表示诚意和庄重，可以采用商务信函这一文体，将商约的内容以书面形式进行沟通。下面的两篇函件就是两家公司为了谈判事宜往来的信函，可作为参考。

致 ×× 公司李阳总经理的函

李阳总经理：

您好！

我公司近阶段致力于动画衍生产品的开发，经过市场调研，动画衍生产品市场潜力很大。贵公司与我公司一直是技术合作伙伴，我公司希望与贵公司合作开发衍生玩具新项目。特邀请您及贵公司同仁在百忙中抽出时间到我公司洽谈衍生玩具的技术合作事宜。

敬候您的回复。

×× 公司总经理：张峰

20×× 年 7 月 18 日

致 ×× 公司张峰总经理的复函

张峰总经理：

感谢您于7月18日的邀请。我将和我的同事一行4人于7月25日到达 ×× 市，由我任领队，成员分别是刘强副总经理，技术部主管夏涛、白晓峰先生。

我们将于7月27日返回。往返车次和到达时间详告如下：

7月25日7：03从 ×× 火车站乘坐 ×× 车次出发，09：06到达 ×× 火车站。

7月27日15：25从 ×× 火车站乘坐 ×× 车次离开，返回 ×× 市。

我们将于临行前再次与您确认列车车次及时间。

相信这次谈判会使我们双方都满意。

谢谢。

×× 公司总经理：李阳

20×× 年7月20日

3. 撰写谈判方案

为了保证谈判能最大限度地取得对己方有利的成果，参与谈判的各方最高决策层或领导就谈判的内容所拟定的谈判主体目标、准则、具体要求和规定称为商务谈判方案，简称谈判方案，是进行谈判的基本依据。

谈判方案是为谈判取得预期效果而精心准备的一份“剧本”，是对谈判进程、策略的预先分析和判断，为在谈判过程中控制谈判进程、实施谈判策略而设计。谈判方案可以使参加谈判的人员形成基本的共识，有利于团队之间的相互协作与配合。当然，谈判过程中的情况瞬息万变，提前准备的谈判方案不可能完全得到实施，甚至会完全背离。但是这不能否定谈判方案在准备阶段以及谈判阶段的积极作用。一般包括以下几部分内容：

（1）标题

标题由事由和文种组成，如《关于引进 ×× 生产线的谈判方案》。标题中也可写明谈判对手名称，如《与 ×× 公司就20×× 年度供货合作的谈判方案》。

（2）正文

商务谈判方案主要包括以下内容：明确主要或基本交易条件可接受范围，以及保证标准和理想标准；对方基本情况或与本次谈判相关的重要情况；规定谈判期限；明确谈判人员的分工及职责；规定联络通讯方式及汇报制度；其他相关的业务资料。这些内容应在正文中得到体现。

1）前言。简要说明谈判的总体构想、原则、背景，或谈判内容以及谈判对象的情况。前言可以对谈判对手的情况进行介绍，如对方的国情、近期市场占有情况、经营规模、经济技术实力、近期资金信誉情况、谈判人员的基本情况等。只有在充分了解上述情况并进行对策性研究之后，才能有的放矢、占据主动，达到预期目的。

2）谈判主旨。是对谈判具体目标的总概括，如“以低于市场价格 10% 的价格达成 150 套住宅购买意向”。谈判主旨是谈判的灵魂，整个谈判应紧紧围绕主旨来进行。

3）谈判目标。谈判要达到的具体结果，也是所签订协议的主要条款，如明确技术、价格等方面所要达到的目标。谈判目标是谈判的重点，谈判目标一般要有上、中、下三种考虑，争取达到最高目标，最低不能低于最低目标。目标在定性的基础上要做到量化。

4）谈判程序。谈判程序是决定谈判效率的重要一环，要精心设计。谈判程序包括谈判讨论的过程，进行各项条款商谈的方法和步骤，预测在商谈中可能出现的挫折及其对策，善后事项处理方法。谈判程序就是要明确先谈什么、后谈什么、怎么谈。

5）谈判组织。谈判的人员配备主要包括谈判人数、主谈人、助手、有关专业技术人员、翻译等。

6）谈判焦点、难点。谈判方案中根据对对手进行的预测分析，预见出谈判焦点、难点，并且拟定相应的对策。对可能出现的变化，提前做好应变准备。如果分歧严重，则要事先定出让步限度。

7）其他事宜。包括与谈判有关的其他方面的事情，如经费预算、食宿安排、赠送礼物等。

下文是一篇比较详细的谈判方案，可供借鉴。

与 ×× 鞋业有限公司就广告投放洽谈的谈判方案

谈判对象：×× 鞋业有限公司

谈判时间：20×× 年 1 月 20 日

谈判地点：《×× 晚报》广告部会议室

一、前言

我部为解决 ×× 鞋业有限公司在晚报投放广告的报价问题进行谈判。我方应在此次谈判过程中充分展示出良好的企业形象，并通过诸多实际案例说明我方所能给对方带来的效益，吸引对方长期合作，同时争取到理想报价。

二、谈判目标

最高目标：以 9.5 折优惠价达成本次交易。使对方成为我方的长期合作伙伴。

基本目标：与对方达成本次交易，价格优惠幅度低限为原价的 8.5 折签订 2 年以上合同。

三、谈判方的基本资料

（一）×× 鞋业有限公司简介（略）；近两年来的营业额及主要营销策略（略）。

（二）谈判成员资料

我方：总经理戴先生、市场部张经理以及张经理的秘书姜女士。

我方资料：（略）

对方：总经理李 ××、副总经理袁 ×× 及助理王 ××。

李 ××：×× 鞋业有限公司总经理，40 岁，毕业于 ×× 大学；为人谦和，极具决策能力，性格沉稳，一旦做出决定，很难被改变。

袁 ××：副总经理，34 岁，毕业于 ×× 大学，主修市场营销；个性活泼，反应机敏，能言善辩，擅长在短时间内赢得谈话者的好感。

王 ××：副总经理助理，26 岁，毕业于 ×× 大学，主修法语，精通英语和日语，硕士学历；表达能力强，个性特征不详。

四、双方的优势和劣势

（一）我方情况

1. 优势：我方公司曾与众多知名品牌合作，依托晚报广大的读者群，影响力广泛，信誉度高；谈判地点在我公司，我们有主动展示与进攻的机会。

2. 劣势：近期广告代理量减少，我方存在业务上的压力，急需客户支持。

（二）对方情况

1. 优势：对方是众多广告公司期待的大客户。谈判人员平均素质高。

2. 劣势：受到金融危机影响，对方产品出口销量大幅下降，急需拓展国内市场，但对方的品牌在国内知名度并不高。

五、谈判进程与策略

（一）开局

由戴总经理用 PPT 向对方进行简要介绍，展示我公司曾为其他知名品牌投放过的广告，与投放广告前后的收益报表，展示报表时采取匿名形式。说明近期与我方签约的客户不少，暗示我方坚持较高报价的必然性。

（二）倾听对方阐述

预计对方会采取的策略为：一是强调形势的严峻，资金的紧张；二是告诉我方他们与其他广告公司也有洽谈，其他公司比我方的报价更低廉。

（三）我方应对策略

针对第一条，我们再次强调我方投放的广告将为对方带来极大的效益，一定的资金投入是有价值的，此时可以回顾 PPT 中的相关报表以增加说服力。

针对第二条，强调我方在广告界的实力，强调我方对同行的报价也相当了解，我们的报价并不算高，最后要强调我方的信誉，广告并非投放即可，还要保障投放质量，包括时间充足，以及投放时段的有效性等因素，大公司的信誉往往体现在细节上。

（四）缓和局面的策略

谈判自始至终要保持友好的氛围，我们应给人以“您是我们的合作伙伴”的印象，而不单纯是“你是我们的用户”的印象。当洽谈难以进行时采用以下策略避免冷场。

1. 询问对方的品牌发展情况，对对方的女鞋产品进行略带褒奖的评论，谈论目前市场上女鞋产品的流行趋势。

2. 中场休息，请对方在预订的地点就餐。

3. 就餐、休息时间结束后，若对方仍对报价咬住不放，我方先采取权力有限策略，声称向董事长请示，再进行第一次降价，降价幅度绝不超过低限。

（五）无法达成共识的处理方式

若对方在一天的谈判过程中始终坚持 8.5 折以下的报价，则无法达成共识，道别时保持友好的态度，给对方留下回头的余地，说明随时欢迎对方再次联系我方。道别后一周内绝不主动打电话联系对方。重大节日之时向对方致电祝贺，以保持联系。

六、日程安排

（一）1 月 20 日上午 8：30，市场部张经理与姜秘书在公司楼下迎接 ×× 鞋业有限公司代表。（对方就在本市，自己开车前来）

（二）张经理与姜秘书引领 ×× 鞋业有限公司代表进总经理办公室，走过公司大厅与走廊时对公司墙上的广告宣传屏幕与图片进行介绍。与戴总经理见面后乘电梯进入三楼会议室。

（三）9：00，谈判正式开始。

（四）11：30，邀请对方就餐。

（五）13：30，若双方能在此之前达成协议，则在此时准备签署意向书。若双方未达成协议，则邀请对方在预订好的茶室喝茶，席间继续谈判。

（六）16：30，送对方离开公司。

4. 布置谈判室

对于主场谈判一方，在谈判前还要做好谈判室的布置工作。布置谈判室包括环境布置和座次安排两个主要方面。

（1）环境布置（见表 4-1）

表 4-1　谈判室环境布置

项目	具体要求	工作内容
谈判室的环境	环境整洁、安静	清洁地面、沙发、座椅、窗户、窗帘、茶杯、烟灰缸等。通过配备隔音设施和降噪设施保持会客室安静
谈判室的光线	光线适宜	阳光太刺眼时应用窗帘遮挡，光线太暗时应打开照明灯
谈判室的色彩	色彩应柔和、温馨	谈判室整体色调可以通过墙体涂料、窗帘色彩和布置花卉来实现
谈判室的温度、湿度	温度、湿度适宜	通过冷暖空调和取暖设备调节温度，在谈判前应检查空调运转是否正常，通过空气加湿器调节湿度。一般保持温度在 18～21 ℃，空气相对湿度保持在 40%～60%
谈判室设备	设备正常	空调、加湿器、扩音器、降噪设施、电源正常工作

（2）座次安排

座次安排是布置谈判室时一项重要的工作内容。谈判的座次安排体现着礼仪规范和对来宾的尊重。

双边谈判通常用长方形或椭圆形的桌子，宾主相对而坐，如图 4-1 所示。以正门为准，若谈判桌在室内横放，则正面对门为上座，应属于客方，主方人员背门而坐，双方主谈人居中对面而坐，其他人员按礼宾顺序即按照身份高低先右后左两边排列。翻译和记录人员一般安排在主人和主宾后面，或将双方的翻译分别安排在主宾、主人右侧的第一个位置就座，一般应尊重主人安排。若谈判桌在室内竖放，则应以进门方向为准，按右为客方左为主方就座。其他人员安排，均与前者相似。如图 4-2 所示。

图 4-1　座位安排

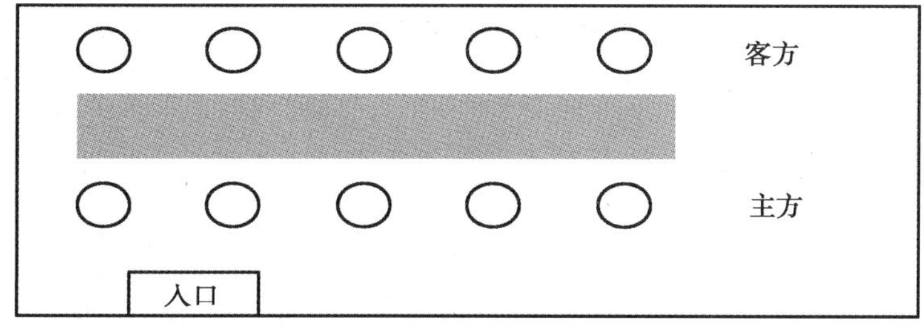

图 4-2 谈判座位图

如果是和外方人员谈判，在排定座次之后，要按双方人员的姓名制作姓名牌，一面是中文，另一面是对方国家的文字，按座次把名牌放在桌子上。中方人员的名牌中文一面朝向就座者，外方人员的名牌外文一面朝向就座者。

二、商务谈判期间的组织工作

商务谈判期间的组织工作具体包括迎接工作、谈判期间的服务工作、谈判记录工作和签约工作等。

1. 迎接客方

根据现实情况，一般主方应在来访者到达的当天或第二天，安排相关领导或部门负责人与之会面。客方也可结合自身情况（来访目的、所办业务性质、主方与客方关系以及本人身份）主动提出会见主方的某位领导人或部门负责人。

主方应准确掌握谈判时间、地点和双方人员名单。在迎接客人时，主方应提前到达，在大楼正门口迎候或在接见厅、会见室门口迎候。如主方不到大门口迎候，可由工作人员在大楼门口迎候客人，并引入谈判室。双方见面后，由客方领导把自己的成员介绍给主方，然后主方领导再把自己这方的成员介绍给客方。

2. 谈判期间的服务工作

进入到谈判室双方落座后即可开始谈判。谈判过程中，旁人不可随意出入。主客双方可作简短致辞，互赠礼品。在谈判时主方应提供茶水、矿泉水、冷饮等饮品，如谈判时间较长，可适当加上咖啡。不同国家根据不同的文化和习惯所用的招待饮料也有所不同，应尊重其不同习俗。

3. 完成谈判记录

谈判记录是对谈判过程的如实记录，和会议记录没有本质区别。谈判记录可以由双方各自的专人负责，也可以共同指定某一人负责。谈判记录的主要内容包括：谈判时间与地点、双方人员、谈判议题、谈判过程、谈判结果、记录人，重点是对谈判过程的记录。由于谈判往往要经过比较长的时间，双方发言比较频繁，发言人次比较多，因此谈判过程一般要采用提要式记录，记录主要观点、主要依据即可。谈判结果即双方在会谈过程中达成的共识或同意进行的合作与交易的情况。

4. 安排签约

谈判达成协议后往往要订立条约或协议书，以作为正式确定的证据。秘书应根据谈判进展需要安排签约仪式。

如果双方合作的项目属于经营范围之内的一般性项目，那么签约仪式可以简化处理，在谈判结束之后由双方负责人当即在协议书或合同上签字，无须安排特别的仪式程序。如果双方合作的项目对于当地经济社会的发展或对各自的发展都具有重要意义，那么应安排一次专门的签约仪式。专门的签约仪式主要包括以下环节：第一，主持人宣布签约仪式开始，介绍主要来宾和领导；第二，介绍合作项目情况及其重要意义；第三，双方领导和助签嘉宾上台，负责人分别签约；第四，全部项目签约结束后，礼仪人员斟酒，嘉宾举杯庆贺；第五，双方致辞。

三、谈判结束后的整理工作

谈判结束后的工作主要包括安排合影、送别客方、整理谈判文件并归卷存档等。

1. 安排合影

合影可安排在宾主见面、握手、相互介绍之后，也可以把合影安排在谈判结束时。如需合影，主方应事先选好背景，安排好合影图，人数较多时应分排，准备好合影架。分排时后排应高于前排。合影图一般是主人居中，遵循“以右为上”的原则，按礼宾次序，主客双方逐个排列，在每排的两端均应安排主方人员。第一排人员安排要考虑身份，而且也要考虑能否都摄入镜头。具体安排如图 4–3 所示。

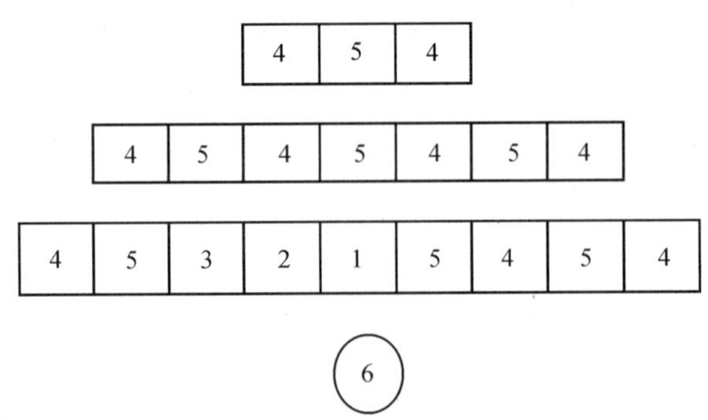

图 4–3　合影位置示意图

1—主人　2—主宾　3—第二主宾　4—主方陪同　5—客方陪同　6—摄影师

2. 送别客方

谈判结束后，主方应送客方至车前或门口并握手告别，目送客方离去。如果有必要，则应将客方送至机场、车站。

3. 整理谈判文件并归卷存档

谈判结束后一般要形成一个谈判纪要，简明扼要地把谈判商讨后达成一致意见的内容整理成有关的几个条目，作为备忘录，并由双方谈判代表签名盖章。所有文件整理完毕后，应将其立卷并办理归档手续，作为档案资料备查。

实训·练习

一、根据本节“案例导入”中提供的信息，假如你是秘书小刘，应该如何安排谈判专用的会议室。

二、A 公司是一家日用化妆品销售公司，为进一批新品需要和 B 公司进行谈判，李玉是 A 公司的办公室秘书，负责组织和安排此次谈判。两家公司分别派出了 3 名谈判人员。请根据该介绍完成以下各题：

1. 分角色扮演两家公司参加谈判的代表，演练整个谈判的过程，要求设计必要的台词和动作。
2. 拟定谈判方案。
3. 模拟谈判合影。
4. 分组评议演练中存在的不足并提出改进方法。

第四节　视频会议

案例导入

某物业公司所管理的几个小区距离比较远，为了提高办公效率，公司投资架设了一套办公自动化综合系统，将视频会议功能也整合到了其中。系统投入使用后，各部门和各小区物业管理中心负责人无须再到公司集中参加会议，只要在本部门利用计算机就可以开会，为工作提供了极大的便利。

但是，某小区的视频会议系统经常出现故障，主要表现是：视频图像不流畅，经常出现“卡死”现象，声音断断续续，其他参会人员演示文档时声音和画面不同步。但其他社区的视频会议系统没有这些现象，使用都比较正常。

后来经过技术人员的检查，找到了故障的原因。原来，该小区物业管理中心的另一个房间里经常有人下载电影，占用了比较多的网络带宽资源，使得视频会议系统不能顺畅地和服务器进行联通，而导致了上述种种故障。找到原因后，领导专门规定，在工作时间禁止上网下载电影，禁止观看在线视频，为视频会议的顺利召开提供了保障。

思考：

1. 通过这个案例可以说明，网络视频会议系统容易受到哪些因素的干扰。

2. 如果要使网络视频会议系统正常工作应注意哪些方面？

视频会议是会议方式的一种革新，借助于现代网络通信技术能够基本实现传统会议的功能。召开视频会议的前提是建立一套视频会议系统，该系统能够实现多人之间的交流互动和信息共享。

一、视频会议与视频会议系统

视频会议是利用多媒体设备和信息通信网络来完成会议过程的新型会议形式，两个或两个以上不同地方的个人或群体，通过传输线路及多媒体采集播放设备，将声音、影像及文件资料互传，实现即时互动的沟通。

能够实现视频会议的成套硬件和软件体系称为视频会议系统。目前许多中小型机构普遍采用了基于互联网的视频会议系统。网络视频会议系统基于网络即时通信技术，能够支持多人视频会议、视频通讯、多人语音、屏幕共享、动态 PPT 演讲、文字交流、短信留言、电子白板、多人桌面共享、文件传输等功能。随着互联网技术的进步，网络视频会议系统对硬件的要求并不苛刻，配备了麦克风、摄像头的普通个人计算机就可以进入到视频会议中。

二、网络视频会议系统构成

1. 基础构成及拓扑结构

网络视频会议系统主要由音响、计算机、音频输入设备、大屏幕显示设备、网络摄像终端、平台软件及中心视频会议管理系统等构成。网络视频会议系统构成的拓扑结构如图 4-4 所示。

2. 终端构成

视频会议系统的终端是用户可以直接使用的设备，有以下几种形式：

（1）会议室终端

会议室终端可以将本地参会人员集中到一起，来参加更大范围的视频会议。会议室终端一般由摄像机、电视机、投影仪、音响系统、网络等构成，如图 4-5 所示。

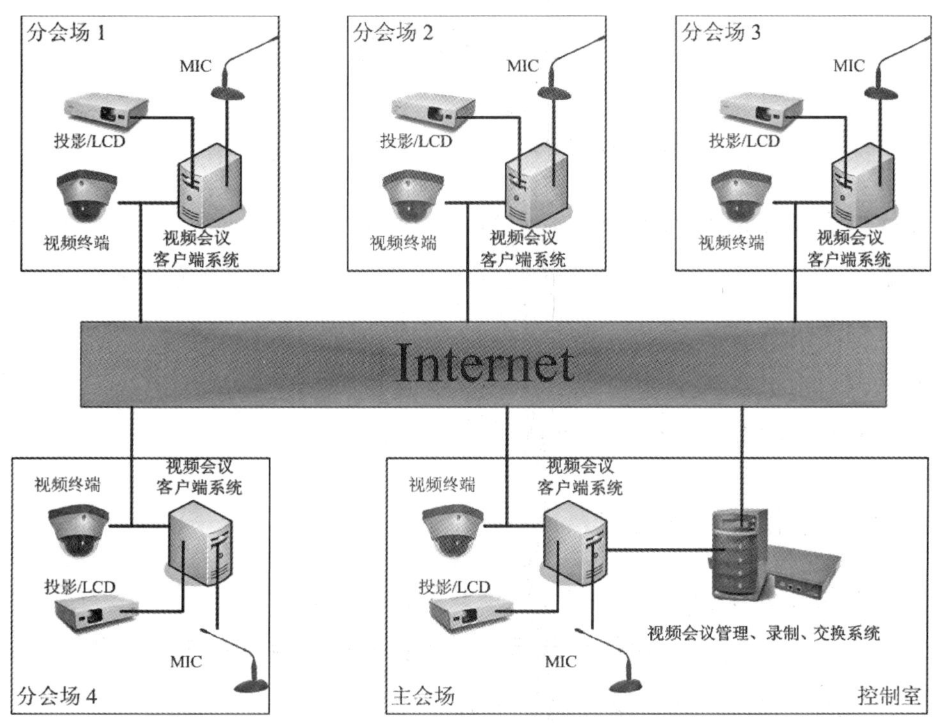

图 4-4　网络视频会议系统拓扑结构图

图 4-5　视频会议室

（2）个人桌面终端

个人桌面终端一般是一台独立的个人计算机，并配备摄像头、耳麦、视频捕捉卡等设备。个人桌面终端计算机安装客户端软件并接入局域网或互联网，即可与视频会议服务器连接，从而开始会议。

（3）移动终端

移动型会议终端以笔记本电脑为依托，内置摄像头和无线网络，用户可以在无线网络覆盖范围内移动使用。

获得网络视频会议系统的途径

网络视频会议系统结构复杂，成本较高。对于中小型企业而言，如果会议保密性要求不高，那么比较经济的方式不是投资建设一套系统，而是租用。通过租用视频会议服务，用户无须购买昂贵的硬件，无须配备专门的系统维护人员，只需每月支付小额的软件租用费用，就能使用视频会议系统，在减轻企业负担，激活现金流的同时，还无须担忧系统的维护、升级。

三、视频会议场所的布置

视频会议室不同于普通会议室，既是开会的场所，同时又是放置视频会议系统设备的场所，会议室内使用的摄影装置、灯光以及彩色背景等对视频图像的质量影响非常大。视频会议场所的布置有以下要求：

1. 会场布置

摄像背景（被摄人物背后的墙）要简洁，这样有利于提高视频图像的传输效率。另外，还可在室内摆放花卉盆景等物品，使会议室整体环境高雅、轻松，有助于突出视频会议和谐融洽的氛围，如图 4-6 所示。

2. 光照布置

视频会议场所应尽量采用人工光源，光照应均匀，可以为灯光安装漫射透镜，使光照充分漫射，使参会人员脸上有均匀光照。

3. 设备布置

在视频会议室中，会议桌布置采用排式较好。监视器放置在相对于参会人员中心的位置，距地面高度 1 米左右，人与监视器的距离大约为 4～6 倍屏幕高度。摄像机放置的最佳位置与监视器的位置基本相同，如图 4-7 所示。

图 4-6　会场布置

图 4-7　设备布置

四、网络视频会议系统的安装

1. 安装调试个人桌面终端多媒体设备

通过视频会议的形式协调工作、沟通信息，秘书首先必须了解本单位视频会议系统的具体产品和方案，获得系统管理员必要的授权，成为系统用户。个人桌面终端主要是计算机，需要采用的多媒体设备主要是耳机、麦克风和摄像头。

（1）安装调试耳机、麦克风

主要步骤如下：

1）将耳机和麦克风正确插入到计算机相应的接口内。用鼠标双击桌面右下角任务栏的“音量”图标（如果找不到该图标，需要在“开始”→“设置”→“控制面板”→“声音和多媒体”中选中“在任务栏显示音量控制”），如图 4–8 所示。

2）在上图的主音量控制窗口菜单栏中单击“选项”→“属性”，弹出如图 4–9 所示的界面。

在“调节音量”框中选中“播放”（注意，“混音器”一栏一定要选择正确的音频设备），在“显示下列音量控制”列表中选中“线路”和“麦克风”，单击“确定”按钮，回到“音量控制”窗口。在这个窗口为了避免产生回音现象将“麦克风”设置为静音，如图 4–10 所示。

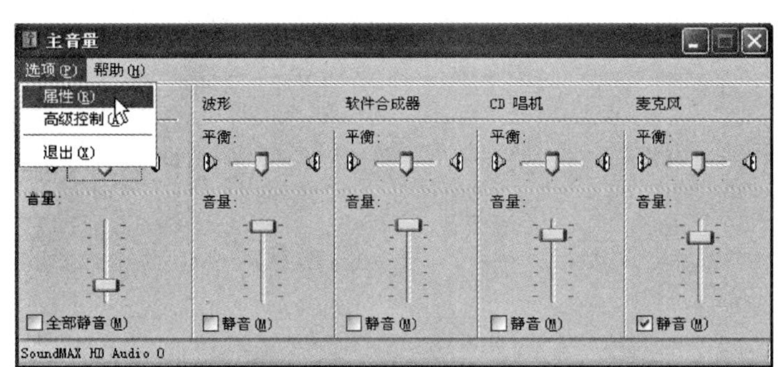

图 4–8　主音量控制

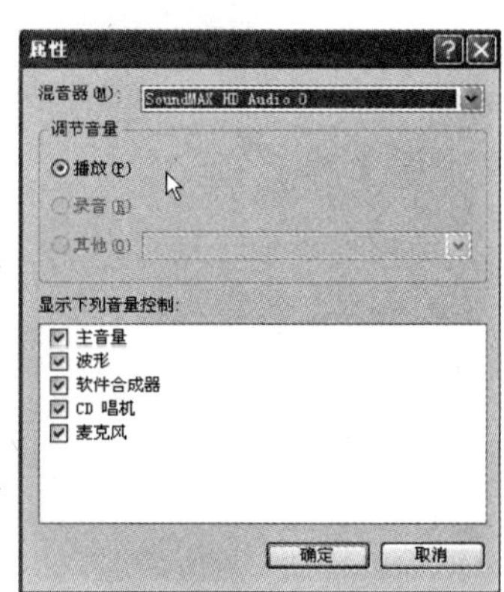

图 4–9　音控属性

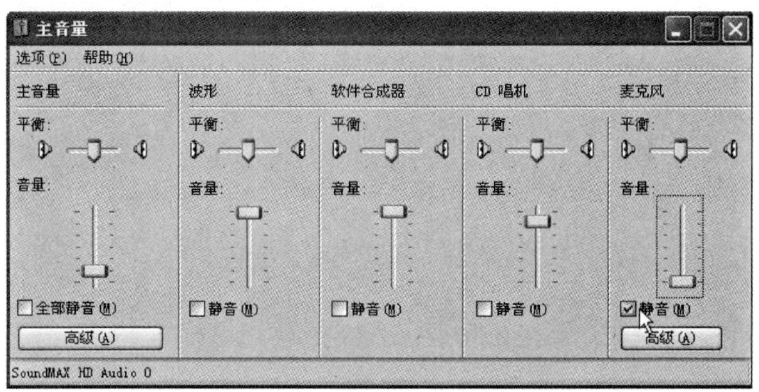

图 4–10　设置麦克风为静音

3）单击菜单“选项”→“属性”，弹出如图 4–11 所示界面。

在“调节音量”框中选中“录音”（注意，“混音器”一栏一定要选择正确的语音输入设备，一般带有“I”字样）。在“显示下列音量控制”列表中，选中“麦克风”，否则不能输入声音。单击“确定”按钮，回到“录音控制”窗口，如图 4–12 所示，该窗口显示“麦克风”处于“选择”状态。

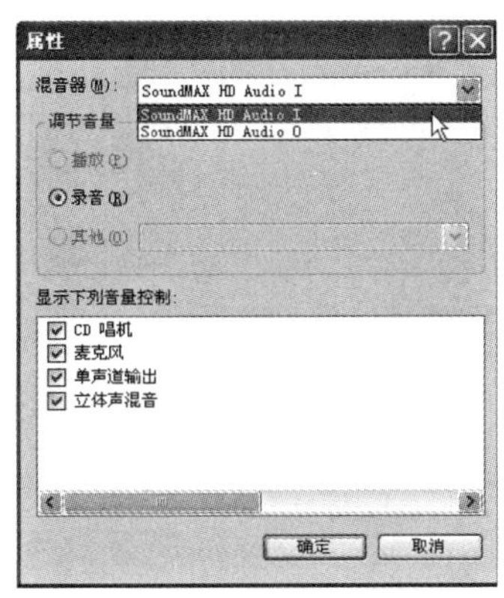

图 4-11 录音属性

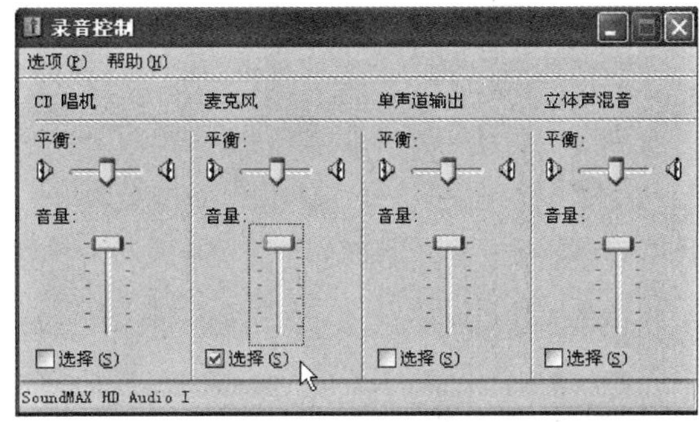

图 4-12 选择麦克风

4）单击“开始”→“所有程序”→“附件”→“娱乐”→“录音机”，在出现的录音机界面中调试录音和回放功能是否正常，如图 4-13 所示。

单击 ● 按钮开始录音，这时对着麦克风说话，停止录音可单击 ■ 按钮。播放录音，单击 ▶ 按钮。如果录音可以回放，说明麦克风和耳机都能正常工作。

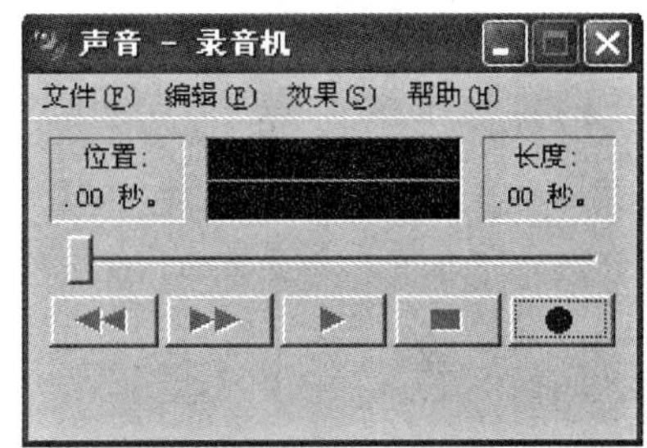

图 4-13 录音机

（2）安装调试摄像头

市场上摄像头的类型众多，但安装和调试方法大体相同，操作比较简单，一般安装驱动程序后将摄像头正确接入计算机接口即可。

2. 安装视频会议系统客户端

绝大多数的视频会议系统都需要用户事先安装客户端软件方可使用。客户端软件主要通过产品光盘或网络下载获取。运行客户端安装软件，系统将进入向导界面，根据提示即可完成安装。启动系统后，一般是登录界面，分别输入注册时填写的企业账号、用户账号和密码，即可进入系统开始使用。

五、网络视频会议系统的使用

1. 发起会议

发起一个会议实质是创建或进入一个特定的虚拟会议房间，或者创建一个会议项目，这样其他人才能加入会议之中。发起会议需要输入本次会议的有关信息，如名称、主题和时间，并且选择好参加人。其他参会人员登录系统后会收到提示信息并加入本次会议。

会议室一般有两种角色：主持人和会议参与者。如果是一个动态会议，创建者即为主持人，其他被邀请的用户都是会议参与者。会议也有两种模式：主控模式和自由讨论模式。在主控模式下，会议主持人控制参会人员的发言和行为；在自由讨论模式下，参会人员的发言不受控制。

2. 参加会议

用户登录后，如果已经创建了会议则直接选择加入即可。加入会议后，就可以观看、接听他人的视频或发言，自己也可以加入讨论之中。

3. 视频会议界面的基本构成

不同系统的视频会议界面也有所差异，在这里我们以某款视频会议系统为例说明界面的构成。在图 4–14 所示的界面中，左侧为视频显示区，参加会议的人员视频显示在该区域，最下方为本人视频。中间区域主要是数据文稿区，可以同步显示参会人员所演示的文稿或文件。中间区域下方为消息文字区，用户可以输入文字进行交流。右侧上方为用户列表、演讲稿和会议室状态区，下方为功能区，可实现会议的发言、传送文件等主要功能。

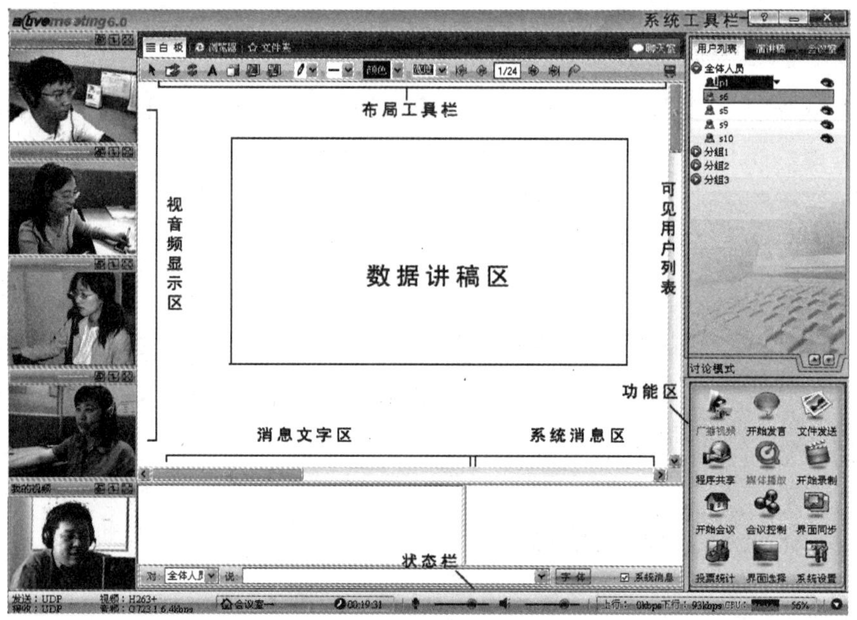

图 4–14　视频会议界面

4. 使用电子白板和放映演讲稿

电子白板和演讲稿放映可以使参会人员接收到同步信息，是视频会议系统实现信息共享的重要方式。

电子白板能够让演示者通过使用本人的鼠标或键盘将想要表达的信息展示在白

板上，从而让其他参会人看到，如图 4-15 所示。

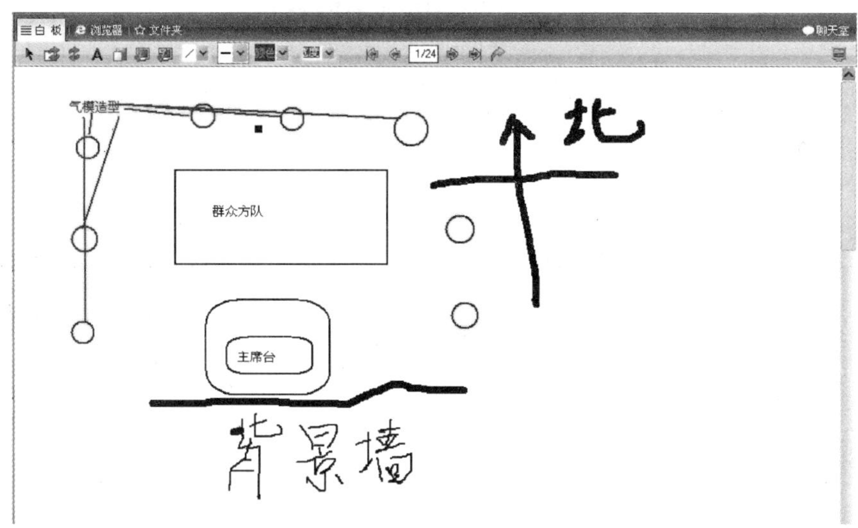

图 4-15 电子白板应用实例

如果要将成熟的 PPT、Word、Flash 等文档演示给其他参会人员，可以将这些文档上传为演讲稿后进行应用。

5. 传输文件

文件发送可分为对全体人员和某些指定用户发送两种。在通常情况下，主持人、助理、当前发言人可将文件发送给其他用户。

6. 录制会议

用户随时可以将会议过程录制下来，其内容包括广播的音视频、演讲稿内容、共享的屏幕或应用程序、聊天室文字等各种会议信息。

7. 播放会议录像

录制后生成的文件，可在会议中播放给所有在线用户，或者用客户端程序安装后自带的视频录像播放器进行单独的回放。

8. 结束或退出会议

在会议结束时，主持人单击“结束会议”按钮即可停止音频和视频的传输，然后单击主界面右上角的 × 按钮关闭会议界面即可退出会议。结束并退出会议时，系统将提示确认，并且默认情况下会保持会议状态一段时间。一般参会人员直接单击“关闭”按钮就可结束会议并退出。

实训 · 练习

一、请通过互联网收集相关信息，列举出目前比较知名的视频会议系统产品的详细信息，并填入表 4-2 中。

表 4-2　　视频会议系统调查表

序号	系统名称	出品公司	主要硬件、软件需求	初次投入费用	维护费用	适用企业规模
1						
2						
3						
4						
5						

二、请到互联网上下载一套可以免费试用的网络视频会议软件，并将其安装到自己的计算机中。然后根据视频会议环境要求，布置出适当的视频环境背景。同学之间模拟进行视频会议，掌握视频会议软件的基本用法。